가치 있는 나를 만나는
20가지 질문

누구나
눈부시게
빛나는 순간은
있다

가치 있는 나를 만나는
20가지 질문

도요다 유스케 지음 | **김진연** 옮김

samho MEDIA

• 저자의 말

제가 대표로서 몸담고 있는 회사의 설립 목표를 한마디로 정의하면 사람들이 '나답게 살고 싶다'는 목적을 실현할 수 있도록 지원하는 것이라 할 수 있습니다. 일본 중소기업청이 '차세대를 담당할 세계적 리더 육성'이라는 주제로 주관한 창업보조금 사업 공모에도 선정되어 각종 세미나와 연수를 개최하여 '자신답게 살고 싶은 사람들'을 지원하고 있습니다.

강연이나 연수 프로그램에 참가하는 사람들에게 제가 자주 하는 이야기가 있습니다. 바로 "정말 나답게 살려면 그것을 위한 물질적 요소와 정신적 요소를 모두 갖추어야 한다."라는 것입니다. 진정 나다운 삶을 위해서는 물질만 충족되어서도, 그렇다고 마음만 충족되어서도 안 됩니다.

인간으로서 바람직한 삶의 방식을 지향하며 내면의 안정과 풍요를 도모하는 '정신적 요소'와, 실리적이고 효율적인 지식과

기술을 중요시하며 목표 달성을 도모하는 '물질적 요소'. 현대 사회를 살아가는 우리들은 이 두 가지를 삶에 적용 가능한 형태로 융합하여 터득해야 합니다.

본문에서 상세하게 설명하겠지만, 정신적 요소는 물질적 요소의 토대에 해당합니다. 그러나 현대는 물질적 요소에만 치중하는 경향이 강합니다. 실리적이고 효율적인 지식이나 기술은 그 효과가 금세 눈에 나타나기 때문입니다. 사람들은 이러한 즉효성에 이끌려 물질적 요소에만 관심을 보이기 쉽습니다. 그러나 그 기저를 이루는 정신적 요소를 제대로 구축해 놓지 않으면, 아무리 물질적 요소에 해당하는 기술을 향상시킬지라도 이상적인 성공을 이루기 어렵습니다. 이는 지반 공사가 제대로 이루어지지 않은 상태에서 높은 빌딩을 건설하는 것과 같은 이치입니다.

그렇다면 정신적 요소 중에서도 무엇을 가장 먼저 구축해야 할까요? 가장 먼저 시작해야 할 일은 바로 '자신의 다이아몬드'를 발견하는 일입니다. 자신의 다이아몬드란 이른바 '자신의 축'을 의미합니다. 이것은 내가 나답게 살아가기 위한 지표가 되는 존재입니다. 비유하자면 자신의 다이아몬드는 나라는 빌딩을 세우는 데 있어 근본적인 토대가 되는 부분이자, 앞으로 빌딩을 높게 올려나가는 동안 중심 기둥이 되는 존재입니다. 이것이 이루어지지 않으면 애당초 '나'라는 빌딩을 세울 수도, 증축할 수도 없습니다. 그만큼 자신의 다이아몬드는 반드시 필요한 존재입니다.

그렇다면 자신의 다이아몬드는 어떻게 발견할 수 있을까요? 혹시 특별한 사람만이 발견할 수 있는 것은 아닐까요? 그렇지 않습니다. 올바른 단계만 거친다면 누구나 자신의 다이아몬드

를 찾을 수 있습니다.

주목할 것은 자신의 다이아몬드를 발견함으로써 변화하게 될 인생의 풍경입니다. 장담컨대, 깜짝 놀랄 정도의 변화를 실감할 수 있을 것입니다.

이 책을 손에 든 여러분은 어쩌면 14쪽의 프롤로그에 등장하는 여성처럼 조금은 지쳐 있고, 막연한 불안감과 갑갑한 기분에 휩싸여 하루하루를 보내고 있을지도 모릅니다. 하지만 괜찮습니다. 이 책을 읽어가며 책 속에 나오는 20가지 질문에 대한 답을 써 내려가다 보면 분명 자신의 다이아몬드를 발견하고 그에 충실한 인생을 설계하기 위한 첫 발을 내디딜 수 있을 것입니다.

진정 나다운 하루하루를 찾기 위해 지금부터 20가지 질문에 답해봅시다.

도요다 유스케

PART 1

자신의 다이아몬드는
이미 당신 안에 있다

01 99%의 사람이 '자신의 다이아몬드'의 존재를 모른다

PART 2

자신의 다이아몬드를
발견하는 20가지 질문

PART 3

자신의 다이아몬드를
발견한 사람들

Prologue
자신의 다이아몬드를 잃어버리다

오늘도 녹초가 되고 말았습니다.

나는 직장 사람들과는 어느 정도 거리를 두고 지내려고 노력합니다. 마음 편한 사람은 그래도 괜찮지만, 대하기 불편한 사람이 언성 높여 뭐라고 지적하거나 추궁하면 견디기가 힘들어요. 하지만 말대답을 할 수도, 싫다고 이야기할 수도 없습니다. 나 자신을 드러내기가 두렵습니다. 내 생각이나 감정을 드러냈다가는 질책당할 수도 있고 미움받을 수도 있으니까요. 그래서 의견을 말하지도, 별다른 감정을 표현하지도 않습니다. 누군가 뭐라고 말하면 기계적으로 웃으며 형식적인 대답만 할 뿐 사람들 사이에서 튀지 않기 위해 노력 중입니다.

그런 주제에 주위 사람들의 시선은 신경이 쓰입니다. 쓸모없는 인간이라는 평가는 받고 싶지 않기 때문에 실패 또한 두려워요. 그런 와중에 다른 사람의 실패를 보면 '아 저럴 줄 알았어.' 하고 생각한다거나, 누군가 내게 일을 맡기려 하면 '자기만 편하려고…….' 하고 불평하고 맙니다. 그리고 어느샌가 "죄송합니다."가 입버릇이 되어 버린 나.

도대체 왜 이렇게 살고 있는 걸까요? 이런 나 자신을 좋아할 수 없습니다. 내가 못하는 부분만 신경이 쓰이고, 주위 사람들이 척척 잘 해내는 일이 부러울 따름입니다. '정말 난 못난 인간이구나.' 이런 생각이 하루 종일 머릿속을 맴돌 때도 있어요. 때때로 '나 같은 인간이 존재할 가치나 있을까?' 하는 생각이 들 때조차 있습니다. 어쩌다 누군가에게 칭찬을 받아도 '그냥 하는 말일 거야. 그럴 리가 없잖아.' 하고 진심이 아닌 말로 치부해 버립니다.

매일매일이 그저 같은 일의 반복입니다. 아무것도 즐겁

지 않고, 내가 하고 싶은 일이 무엇인지도 모르겠습니다.
지금은 상담을 들어줄 사람조차 없습니다. 동료, 친구, 가
족……. 진심으로 믿을 수 있는 사람이 아무도 없는 것 같
아요. 스스로에게 자신이 없으니 좀처럼 첫발을 내디딜 수
없습니다. 조금만 일이 안 풀려도 주변 환경이나 남 탓을
하게 되고, 그런 한심한 나를 발견하면 또다시 우울해지는
겁니다.

"일도 있고, 수입도 안정적이고, 딱히 고민할 필요 없지
않아?" 누군가가 말했습니다. 분명 그렇습니다. 눈에 띄는
고민이 있는 것도 아닙니다. 하지만, 정확히 이야기할 수는
없지만 무언가 단단히 어긋나고 있어요. 내 의지와 상관없
이 타인의 의견이나 주위 사람들의 분위기에 가까스로 맞
춰가며 위태로운 나날을 보내고 있습니다.

이것이 내 인생은 아닌 것 같습니다.
이런 상황이 싫습니다.
점점 피곤해집니다.
점점 내 스스로에게서 멀어지고 있습니다.

나답게 살아보고 싶어요.

'오늘도 나답게 열심히 살았군!'이라고 자부할 수 있는 하루하루를 보내고 싶습니다. 그렇지만 '나답다'는 것이 과연 무엇일까요? 어떻게 하면 나다움을 찾아낼 수 있을까요?

'지금 이대로 괜찮을까'라고 느껴질 때가
자신의 다이아몬드를 만날 기회다

PART 1

자신의 다이아몬드는
이미 당신 안에 있다

01

99%의 사람이
'자신의 다이아몬드'의 존재를 모른다

본격적인 이야기에 들어가기 앞서, 조금 뜬금없지만 다음의
질문을 읽고 머릿속에 떠오르는 대로 대답해보자.

"당신은
어떤
사람인가요?"

나는 도대체 어떤 사람인가?
나는 나 스스로를 어떻게 보고 있는가?

"나는
○○한
남자(여자)입니다."

자신이 생각하는 답으로 ○○을 채워보자. 직관적이어도 상
관없다. 제한시간은 3분이며, 머릿속에 떠오르는 이미지를 솔
직하게 쓰면 된다. 이 책을 읽어나가는 데 매우 중요한 열쇠가
되므로 반드시 답해보자. 도저히 답이 떠오르지 않는 사람은
'답이 떠오르지 않았다.'라고 쓰고 다음 페이지로 넘어간다.

왜
많은 사람들이 진정한 자신으로
살아갈 수 없는 것일까?

'진정한 자신'이란 무엇일까? 지금 이 질문에 대해 무언가 명료하게 와닿는 답이나 감정을 떠올리는 사람은 그리 많지 않을 것이다. 사실 앞 쪽에서 던진 질문은 "당신은 '진정한 자신'을 알고 있습니까? 알고 있다면 그 답을 느낀 대로 표현해 보세요."라는 취지에서 제시한 것이다. 이 질문에 그 즉시 확신에 차서 "나는 ○○한 남자(여자)입니다."라고 답할 수 있는 사람이 과연 얼마나 될까?

"답을 적지 못했다.", "일단 적긴 적었는데 뭔가 와닿는 답변은 아니었다."라고 말했을지라도 불안해 할 필요는 없다. 대부분의 사람들, 지금까지의 사례로 보자면 무려 99%에 달하는 사람들이 이 질문에 제대로 대답하지 못했기 때문이다. 즉 단

1%에 해당하는 사람들만이 진정한 자신의 얼굴을 알고 있고, 그에 충실한 모습으로 살아가고 있다는 뜻이다.

그렇다면 왜 99%의 사람들은 진정한 자신으로서 살지 못하는 것일까? 여기에 가장 큰 영향을 미치는 것이 바로 '인간관계'다.

'미움받고 싶지 않다.'

'혼나기 싫다.'

'다른 사람에게 잘 보이고 싶다.'

이런 마음 때문에 자신의 기분이나 감정을 드러내지 않으려고 안간힘을 쓴다. 타인과 '잘 지내기' 위해 진짜 자기 모습을 숨기고 점점 자신을 손에서 놓아버린다. 그리고 어느 시점엔가 진정한 자신이 어떤 사람이었는지 알 수 없게 되어버린다.

대다수의 사람이 태어날 때부터 가족과 함께 살고, 학창시절에는 선생님이나 친구들과 함께 생활하며, 사회에 나가서는 회사나 거래처 사람들과 함께 부대끼며 살아간다. 자의든 타의든, 어디에서 무엇을 하든 나 아닌 다른 사람(부모나 형제자매 등의 가족을 포함하여)에게 둘러싸여 산다. 그리고 이런 환경 속에서 살다 보면 사람은 무의식중에 '타인의 눈'을 의식할 수밖에 없게 된다.

집에서는 '시험 점수가 나쁘면 엄마나 아빠에게 혼나겠지?'

학교에서는 '괜히 나서서 튀는 행동을 했다가 친구들에게 무시 당하거나 미움받으면 어쩌지?' 직장에서는 '상사나 동료들에게 쓸모없는 인간이라는 평가를 받으면 안 되는데⋯⋯.' 이처럼 '다른 사람에게 잘 보이고 싶다, 아니 잘 보이지 않아도 되니 미움만은 받고 싶지 않다'는 생각으로 하루하루를 살아간다. 그리고 이런 마음이 강해지면 강해질수록 그 사람은 '자기다움' 을 손에서 놓고 만다. 진정한 자신이 도대체 무엇이었는지조차 잊어버리고 만다.

여기서 문제는 진정한 자신으로 살지 못한다는 사실을 스스로는 깨닫지 못한다는 데 있다. 왜냐하면 대부분의 사람은 무의식중에 타인과 잘 지내고 있다고 생각하기 때문이다. 하지만 머리로 이해하고 있는 것과 달리 몸과 마음은 SOS 신호를 보낸다. 집에 돌아와 혼자만의 시간을 보낼 때면 완전히 녹초가 되어 '아, 내일 출근하기 정말 싫다.', '그 사람과는 두 번 다시 만나고 싶지 않은데.' 등의 감정이 뒤엉켜 빙빙 소용돌이친다. 만약 이런 상태에 빠져 있다면 이는 진정한 자신으로 살고 있지 않다는 증거다.

진정한 자신으로 살고 있지 않은 사람의 비율은 수십 년 전이나 지금이나 별반 차이가 없는 것 같다. 예나 지금이나 99% 의 사람은 진정한 자신으로 살고 있지 않다. 단, 수십 년 전의 사회는 모두가 한참 경제 성장에 집중하며 물질적 풍요의 확보에 몰두하던 때였다. 날마다 격변하는 사회의 흐름과 성장에 뒤처지지 않도록 쫓아가느라 '진정한 자신이란 무엇인가?'라는 질문을 마주할 여유도, 필요도 느낄 수 없었던 시기였다.

그러나 지금은 상황이 다르다. 고도의 경제 성장을 이룬 지금의 시대는 물질적 풍요로움뿐 아니라 정신적 풍요로움에 대한 충족 욕구가 그 어느 때보다 커져 있다. '원하는 물건을 손에 넣는 것만으로 인간은 행복해질 수 없다.'라는 사실을 모두가 깨달아버린 것이다.

또한 현재는 트위터, 인스타그램, 페이스북, 라인 등 다양한 소셜 네트워크 서비스(SNS)를 통해 때와 장소에 구애받지 않고 전 세계 사람들이 교류하는 시대이기도 하다. 너무도 다양한 연결고리의 그룹이 시시각각으로 형성되고 또 소멸하면서 과거보다 월등히 많은 '인간관계'와 끊임없이 마주해야 할 필요성이 생겨났다.

정신적 풍요로움을 추구하는 시대, '인간관계'와 끊임없이 마주해야 하는 시대. 이러한 시대이기에 '진정한 자신이란 무엇인가?'에 대한 확고한 답을 갖고 있지 않으면 살아남기가 더욱 어렵다.

머리로만 알아서는
변할 수 없다

앞에서 진정한 자신으로 살고 있지 않은 사람이 99%에 이른 다고 말했는데, 이들 중에는 진정한 자신으로 살고 있지 않다 는 사실을 '자각'하고 있는 사람도 적지 않다.

자각은 변화를 위한 첫걸음이자 매우 중요한 단계임에 틀림 없다. 그러나 유감스럽게도 자각하는 것만으로 인간은 변하지 않는다. 왜냐하면 인간은 변화를 두려워하는 동물이기 때문이 다. 과거의 인간은 어떻게 자신보다 크고 강한 맹수를 제치고 번영할 수 있었을까? 이는 진화 과정에서 '과거의 실패로부터 배우는 능력'을 습득해 왔기 때문이다. "그 계절에, 그 숲에 들 어갔다가 맹수의 습격을 받았었지. 다음부터는 가지 말자." 등 의 지혜를 다른 어떤 동물보다 많이 학습하고 축적할 수 있는 뇌를 지녔기 때문이다. 이러한 뇌의 특성을 가지고 있었기에 인간은 계속 살아남으며 번영할 수 있었다.

하지만 현대에서는 조금 다른 현상이 벌어지고 있다. 변화와 도전을 본능적으로 피하려 한다는 점이다. 변화하지 않고 도전하지 않으면 예측 가능한 일이 계속되니 실패할 일도 없다고 생각하기에 일어나는 일이다.

인간의 생존본능은 무의식적으로 변화를 두려워한다. 유감스럽게도 자각만으로는 인간이 변하지 않는다고 말한 것 또한 이런 이유 때문이다.

이렇게 변화하기 위해서는 자신의 무의식 영역에 제대로 접근하여 '변화하지 못하는 나'를 극복해야만 한다.

자신의 다이아몬드란
대체 무엇일까?

이 책의 핵심 키워드인 '자신의 다이아몬드'란 도대체 무엇일까? 바로 책 앞부분에서 말했던 '나는 ○○한 남자(여자)입니다.' 이것이다. 여기서 ○○에 들어갈 말은 회사 직함도, 성격의 일면을 나타내는 말도 아니다. 더 강력하고, 더 굵직하게 당신의 몸속을 관통하는 하나의 축이 되는 말이다.

자신으로서 반짝일 수 있게 해주는 말.
입에 담으면 언제나 가슴이 뜨거워지는 말.
머릿속에 떠올리면 언제라도 나다움을
되찾을 수 있는 말.

바로 그런 말이다. 그렇다면 '자신의 다이아몬드'는 도대체 어디에 있을까? 이미, 당신 안에 있다.

'내 안에 그렇게 반짝반짝 빛나는 것은 없어.' 이렇게 느끼는 사람이 있을지도 모른다. 하지만 결코 그렇지 않다. 누구에게 나 자신의 다이아몬드는 있다. 혹시 다이아몬드를 채취하는 모습을 본 적 있는가? 킴벌라이트(Kimberlite)라 불리는 암석 속에 아주 적은 양의 다이아몬드가 잠들어 있다. 마찬가지다. 우리는 누구나 반드시 자신만의 다이아몬드를 가지고 태어난다. 하지만 제대로 된 방식으로 채취하지 않는다면 그것을 밖으로 꺼낼 수 없다.

자신의 다이아몬드는
나의 토대가 되는 부분이다

나는 코칭 세미나에 참가하는 사람들에게 "이상적인 인생에 다가가기 위해서는 일곱 단계를 차례로 밟아나가야 합니다."라고 이야기한다. 여기서 말하는 일곱 단계는 바로 다음의 순서다.

STEP ❶ '자신의 다이아몬드'를 발견한다.
STEP ❷ '인생의 목적'을 명확하게 한다.
STEP ❸ '진정한 이상'을 선명하게 그린다.
STEP ❹ '목표를 설정'한다.
STEP ❺ '계획'을 세운다.
STEP ❻ '행동'으로 옮긴다.
STEP ❼ '실현'한다.

STEP ①~⑦의 연관성을 그림으로 나타내면 다음 쪽의 피라미드 형태로 표현할 수 있다. 자신의 다이아몬드는 그야말로 피라미드의 가장 기초, 토대가 되는 부분이다. 토대를 제대로 다지지 않은 채(자신의 다이아몬드를 발견하지 않은 채), 꼭대기 층을 세우는(자신의 이상적인 인생을 실현하는) 것은 애당초 불가능하다. 혹여 꼭대기 층까지 완성된 듯 보인다고 해도 말 그대로 사상누각(沙上樓閣), 금세 허물어질 수 있는 위태로운 성에 불과하다.

그럼에도 우리는 한시라도 빨리 성과를 내기에 급급한 나머지, 즉각적인 효과를 내는 방법론이나 당장의 문제를 해결하는 데 도움이 되는 정보·지식을 얻는 일에 우선적인 관심을 쏟기 마련이다.

"어떻게 하면 진정한 이상을 실현할 수 있을까?"

"어떻게 하면 좋은 행동 습관을 들일 수 있을까?"

"어떻게 하면 목표를 최단기간에 달성할 수 있을까?"

"어떻게 하면 시간을 효율적으로 관리할 수 있을까?"

가장 먼저 준비되어야 할 기본 토대는 제대로 다지지도 않고 말이다. 그렇다면 토대를 제대로 다지기 위해서는 무엇부터 시작해야 할까?

우선 자기 자신과 정면으로 마주해야 한다. 그러나 대다수의 사람이 '자신과 마주하는' 것에 그다지 익숙하지 않거나, 방법을

이상적인 인생에 가까워지기 위한 7가지 단계

❼
'실현'한다

❻
'행동'으로 옮긴다

❺
'계획'을 세운다

❹
'목표를 설정'한다

❸
'진정한 이상'을 선명하게 그린다

❷
'인생의 목적'을 명확하게 한다

❶
'자신의 다이아몬드'를 발견한다

모르거나, 혹은 나태함과 일종의 두려움을 느껴 회피한다. 그에 반해 피라미드의 상부인 ④~⑦은 방법론이나 지식을 습득함으로써 즉시 효과를 볼 수 있고, 행동을 바꾸면 금세 가시적인 변화와 성과를 가져온다. 이것이 우리가 방법론이나 지식을 얻는 것에 더욱 적극적으로 매달리게 되는 이유다.

하지만 모두가 부러워할 만한 성과를 올린다 하더라도 토대가 제대로 세워져 있지 않으면 스스로의 마음 깊은 곳에서 우러나오는 만족감은 얻을 수 없다.

다음의 예를 살펴보도록 하자. 여기, 업무상 고객과 긍정적 관계를 잘 이어 가다가도 항상 마지막 단계에서 계약을 놓쳐버리고 마는 A씨가 있다.

나는 이 문제만 해결하면 회사 내에서 일인자가 될 수 있을 거라 생각해서 어떻게든 해결해 보고자 방법을 강구했다. 그러던 어느 날 우연히 들른 서점에서 '100% 계약을 성공하는 비법'이라는 제목의 책이 눈에 들어왔다. 그 책에는 계약을 원만하게 체결할 수 있는 수많은 비결이 적혀 있었다. 게다가 지금 당장 내 상황에 써먹을 수 있는 실천적인 방법들이 가득했다.

나는 그 즉시 책을 구입해 일에 적용해보았다. 책에 적힌 기술대로 상담을 하자 고객과의 계약률이 높아지더니 평균에 겨우 미치던 나의 영업 실적은 순식간에 사내 1위가 되었다. 처음에는 회사 사람들의 쏟아지는 칭찬 세례에 너무나 행복했다. 하지만 그 기쁨은 오래가지 못했다. 나를 바라보는 주위 사람들의 기대는 점점 커져 갔고, 매달 상향 조정되어 내려온 할당량을 달성해야 한다는 압박감이 내 목을 졸라오고 있었다.

영업 실적이 오르면 월급도 올라 행복해질 것이라 생각했지만 막상 내가 처한 상황을 돌이켜보니 '내가 왜 이 일을 하고 있는 거지? 이렇게 고생만 하려고 열심히 일한 게 아닌데…….' 하는 회의감이 들기 시작했다. 그렇게 일 년여를 위태롭게 버텼지만, 결국 나는 우울증 진단을 받고 회사를 그만두고 말았다.

A씨는 어쩌다 이런 상황에 처하게 되었을까? 답은 간단하다. A씨는 영업 실적을 올리고 싶은, 올려야 하는 이유가 명확하지 않았기 때문이다. 그 '이유'가 바로 '인생의 목적'에 해당한다. 이유가 불명확한 상태로 성과만을 추구했기 때문에 마음속 깊이 우러나오는 만족감을 얻을 수 없었던 것이다.

토대가 중요한 이유가 바로 이것이다. 그리고 이 토대를 이루는 요소 중에서 가장 밑바탕에 자리한 자신의 다이아몬드를 찾는 것은 특히 중요하다.

무슨 일이 있어도 꿈쩍도 하지 않을 확고한 기반을 구축하고, 그 기반 위에 다음 단계를 건설해야 한다. 언뜻 멀리 돌아가는 것처럼 보일지도 모르지만, 사실 이것이야말로 가장 확실하며 가장 효율적인 방법이다.

자신도 모르는 사이
잘못된 믿음의 안경을 끼고 산다

"누구나 자신의 다이아몬드를 가지고 있다."라고 앞서 말했 듯이, 이 세상에 자신의 다이아몬드가 없는 사람은 단 한 사람 도 없다.

PART 2에서 본격적으로 만나볼 20가지 질문을 통해 분명 해지겠지만, 우리의 인생을 거슬러 올라가다 보면 누구나 자기 본연의 모습으로 살았던 순간이 있다. 이것이 바로 자신의 다 이아몬드가 매장된 광맥이다. 그러나 오랜 시간에 걸쳐 주변의 사람들로부터 지대한 영향을 받고, 그 영향을 객관적으로 돌아 보지 않은 채 살아온 사람은 '잘못된 믿음의 안경'을 끼게 된다. 바로 이 안경이 자신의 다이아몬드를 발견하기 어렵게 만드는 장애 요소라 할 수 있다.

그렇다면 주변, 즉 타인으로부터 받는 지대한 영향이란 구체적으로 어떤 것이며, 잘못된 믿음의 안경이란 또 무엇일까?

타인의 영향력이란 무엇인가

대다수의 경우, 한 개인에게 가장 많은 영향을 미치는 사람은 부모다. 부모는 아이가 태어나 성장하는 동안 누구보다 가까운 위치에서 아이가 기본적인 가치관이나 사회에 대한 개념을 형성하는 데 굉장히 큰 영향을 미친다. 물론 누군가에게는 그러한 존재가 할아버지나 할머니, 형제자매인 사람도 있을 것이다. 혹은 학교나 학원 선생님에게 강력한 영향을 받았다는 사람도 많다.

분명한 점은, 우리는 '자신보다 큰 영향력을 지닌 주변의 타인'으로부터 사물을 보는 관점과 살아가는 데 지침이 되는 강력한 가치관을 의식적 혹은 무의식적으로 배우며 성장한다는 것이다.

"학력이 나쁘면 좋은 회사에 못 들어가."

"형이면 형답게 떼쓰지 말고 좀 참아야지."

"사람이 시간을 못 지키면 신용을 잃게 돼."

"남 앞에서 이 보이며 웃지 마. 보기 흉해."

자신에게 강한 존재감을 가지는 사람으로부터 이런 식의 호

된 지적을 받은 적이 없는가? 또 상대방이 아무 생각 없이 던진 말이 마음속 깊은 곳에 맺혀 있지는 않은가?

참고로 그런 존재들로부터 받는 영향은 딱히 말로만 한정되지 않는다. 예를 들어 부모님이 매달 말 가계 유지에 필요한 돈을 마련하느라 고생고생하며 한숨 쉬는 모습을 보고 자란 아이가 있다고 치자. 그렇게 힘들어하는 부모님의 모습은 아이 마음속에 강하게 각인될 것이다. 그런 상황이 거듭되다 보면 자칫 '돈이 없으면 인생이 불행해. 그러니 나도 불행해.', '우리 집은 돈이 없어 가난해. 그러니 나 또한 가난해.'라는 가치관이 심어질 수 있다.

잘못된 믿음의 안경

타인으로부터 받은 강한 영향은 세상과 사물을 보는 관점의 토대가 되어 우리에게 '잘못된 믿음의 안경'을 씌우곤 한다.

"남에게 사랑받는 인간이 되어라." 몇 번이고 그런 말을 들으며 꼭 그래야 한다고 믿고 자란 사람은 무의식중에도 그를 좇는 행동(사랑받기 위한 행동)을 함으로써 자신을 보호하고자 한다. 그리고 그것으로 끝나는 것이 아니라 마음속 깊은 곳에 '사람들에게 사랑받지 못하면 어떻게 하지…….' 하는 불안감을 항시 품고 있게 된다. 이런 유형의 사람 눈(잘못된 안경)에 비친 세계에는 "다른 사람에게 사랑받지 못하면 뭐 어때! 모든 이에게 이해받지 않아도 괜찮아."라는 사고방식은 애당초 존재하지 않는다.

　잘못된 믿음의 안경은 눈에 보이지 않기 때문에 대부분의 사람이 그 존재를 깨닫지 못한다. 또한 문제를 인식하지 못하기에 자신의 다이아몬드도 발견하지 못한다. 역으로 말하면, 잘못된 믿음의 안경을 벗으면 누구나 반드시 자신의 다이아몬드를 발견할 수 있다. 그리고 이는 절대 고되고 어려운 작업이 아니다. 다만, 진지하게 임하는 것이 필요하다.

'지금 이대로 괜찮을까'
라고 느껴질 때가
자신의 다이아몬드를 만날 기회가 된다

최근 들어 '지금 이대로 괜찮을까'라는 의문이 든 적이 있는가? 회사나 가정에서의 생활은 잘 돌아간다. 울적할 때면 아무 때나 기꺼이 나와 술 한잔 기울여줄 친구도 있다. 절실한 고민이 있는 것도 아니다.

그런데 무언가가 잘못되었다.
그게 무엇인지 알 수는 없지만
무언가 전체적으로 어긋난 느낌이다.

어떻게 해야 지금 이 상태에서 벗어날 수 있을까……. 바로 이때다. 이런 순간이야말로 자신의 다이아몬드를 찾을 절호의 타이밍이다. 무언가가 다르게 보인다는 말은 당신이 끼고 있었던 안경의 도수가 맞지 않게 되었다는 말이기 때문이다. 지금까지 쭉 써온 잘못된 믿음의 안경이 거추장스러워지기 시작한 것이다. 달리 말하자면 눈에 보이지 않았던 안경의 존재를 깨달을 수 있는 큰 기회인 셈이다.

막연하게나마 '지금 이대로 괜찮을까' 하는 고민을 마음속에 담고 있다면, 부디 지금부터 나와 함께 자신의 다이아몬드를 찾아보도록 하자.

02
과거의 나 역시
자신의 다이아몬드를 깨닫지 못했다

4년 간의 공백기,
모두가 나를 비웃는 것만 같았다

    현재 나는 두 회사의 대표직과 사회보험 노무사 사무소의 소장직을 맡고 있으며, 하루하루 성취감과 행복으로 가득 찬 나날을 보내고 있다. 하지만 불과 10년 전만 하더라도 지금의 내가 이토록 충만한 삶을 보내고 있을 것이라고는 꿈에도 상상하지 못했다. 그 시절의 나는 자신감이 바닥을 쳐 다른 사람을 만나는 것조차 힘들었고, 앞으로 어떻게 살아가야 할지 무엇을 하고 싶은지도 몰랐기 때문이다.

    고향인 후쿠오카에 있는 대학 법학부에 입학했지만 대학 생활은 그리 순탄하지 못했다. 자신감이 없어 남 앞에서 이야기하는 일에 서툴렀고, 낯선 이와 만나는 것에도 두려움을 느꼈다. 후쿠오카에는 덴진이라는 유명한 번화가가 있는데, 그곳을 걸어 다니다 누군가 웃기라도 하면 '저 사람, 지금 나 보고 웃은 거 아닌가?'라는 피해망상에 사로잡히기 일쑤였다. '내 차림이 촌스러워서', '내 얼굴이 이상해서' 등 제멋대로 말도 안 되는 해석을 하면서 타인을 멀리하고 피해 다녔다.

그 정도로 내성적이고 수동적인 성격이었기에 대학 동기들이 취업 활동을 시작한 후에도 나는 전혀 움직이지 않았다. 입사 원서조차 제출한 기억이 없다. 사회에 나가 새로운 환경, 다른 사람과 인연을 맺는 일로부터 도망치기만 했다. 대학은 졸업했지만 취업할 곳이 없으니 곧바로 니트(NEET, Not in Education, Employment or Training, 일하지 않고 일할 의지도 없는 청년 무직자를 뜻하는 신조어) 생활로 돌입했다.

그러나 아무리 그런 나일지라도 가족이나 친척, 이웃의 눈은 신경이 쓰였다. 그래서 그들의 관심과 비난의 화살을 피해 보고자 '사회보험 노무사 자격시험'이라는 명분을 찾아냈다. 딱히 사회보험 노무사가 되고 싶었던 것은 아니었다. 그저 방금 말했듯이 현실의 도피처로 자격증 공부를 시작했을 뿐이었다. 그러다 보니 공부도 그리 치열하게 하지는 않았는데, 어찌된 영문인지 수험 생활 4년째에 합격하고 말았다. 사회보험 노무사 시험은 매우 어려운 자격시험 중 하나로, 당시 합격률이 8% 정도에 불과했던 것으로 기억한다.

시험공부를 한다는 대의명분은 있었지만, 실질적으로는 경제 활동이 거의 없었던 백수 생활이 4년이나 지속된 셈이었다. 그런 상황에 합격 통지서가 날아들었으니 가족은 물론 주위 사람들도 내일인 양 기뻐했다. 하지만 그들의 기쁨과 축하가 커질수록 내 마음속에선 '더는 도망칠 수 없어. 사회로 나가야만 해……'라는 압박감이 강해졌고 점점 우울감에 가라앉았다.

취업 활동은 시작했지만, 신규 직원을 채용하는 사회보험 노무사 사무소가 거의 없었다. 그래도 일을 찾아야 했기에 헬로워크(Hellowork, 일본의 공공 일자리 알선 사이트)를 들여다보기 시작했다. 하지만 채용 계획이 있는 회사 대부분이 해당 실무 경험자나 3년 이상의 사무 경력자를 찾고 있어 나는 해당되지 않았다. 어쩔 수 없이 다른 취업 정보지에 기재된 미경험자 환영이라고 적힌 기업을 골라 지원을 하고, 그중 한 곳에 겨우 입사할 수 있었다.

그 회사는 투자용 원룸 맨션을 판매하던 회사였다. 사회보험 노무사로서 연금에 관한 지식도 있고, 앞으로 다가올 시대의 니즈에도 적합해 무난히 판매할 수 있으리라 내심 기대했다. 그러나 실상은 그리 녹록지 않았다. 영업은 일단 고객을 찾아 미팅 약속을 잡는 것이 시작이었다. 약속을 잡기 위해서는 타운페이지(Townpage, 일본의 업종별 전화번호부) 등을 활용해 기업이나 관공서에 직접 전화를 걸어 영업 활동을 해야 했다. 아침 9시부터 저녁 6시까지 약속을 잡기 위해 쉴 새 없이 전화를 돌렸다.

처음에는 거절을 당해도 아무렇지 않았다. 하지만 차가운 거절과 냉대를 하루 종일 받다 보니, 점점 심정적으로 상처받을 수밖에 없었다. 하루에 100~150통 정도 계속 전화만 걸어댔는데, 대부분이 이야기조차 들어주지 않았으며 첫 인사가 끝나기 무섭게 통화를 끊는 것이 보통이었다. 입사 일주일 만에 그만두고 싶은 생각이 절로 들었다.

그렇지만 간신히 취직했는데 이렇게 쉽게 그만둘 수는 없었다. 마음을 다잡고 다시 열심히 전화를 돌렸다. 영업에 관한 책을 사서 공부하고, 어떻게 대화를 이끌어 가면 좋을지 필사적으로 궁리했다. 그럼에도 여전히 어떠한 미팅 약속도 잡을 수 없었다. 그러다 급기야 통화하는 내 목소리를 주위 동료가 듣는 것조차 꺼려져서, 숨듯이 책상 밑에 기어 들어가 전화를 거는 지경에 이르렀다. 매일 아침저녁 회의 때마다 성과가 나오지 않는다고 과장에게 깨지는 일도 너무 큰 고통이었다.

몸도 마음도 비명을 지르고 있었다. 더는 안 되겠다는 생각에 두 달 만에 회사를 그만두고 말았다. 내게는 너무나 길게 느껴진 두 달. 그러나 주위 사람들이 보기엔 '고작 두 달'이었다. 주위의 시선을 의식하며 '역시 나는 사회에 부적합한 인간이야.' 이런 생각에 함몰되다 보니 점점 더 사회로 나가는 것이 두려워졌다.

그리고 다시 시작된 니트 생활. 아무 할 일이 없으니 매일 파친코(일본의 도박게임장)에서 시간을 때웠다. 해가 중천에 뜰 즈음에 일어나 오후 2시부터 파친코가 문을 닫는 밤 11시까지 그곳에서 시간을 때우고, 부모님이 잠든 자정쯤 집에 돌아와 편의점에서 사 온 도시락을 먹으며 새벽까지 텔레비전을 보는 최악의 나날이었다.

그러던 어느 날, 지인으로부터 내가 살고 있는 지역에 설립된 대기업 그룹의 한 계열사에서 사회 노무사 자격증이 있는 계약직 사원을 급히 모집한다는 정보를 들었다. 생각해본 적도 없는 대기업이었기에 어차피 안 되겠지 하면서도 밑져야 본전이라는 마음에 면접을 봤다. 그런데 운 좋게도 합격을 한 것이다. 사회 노무사 지식을 활용해 회사의 노무 컨설팅을 담당하는 업무여서 내가 한 공부가 도움이 되는 데다, 계약직이라는 형태이기는 하나 1년 후에 정사원으로 채용한다는 특전도 있었다.

내가 지금까지 그토록 바라던 '안정'이 마침내 손에 들어온 것이다. 너무도 행복했다.

겨우 안정을 얻었다고 생각했지만
우울증 직전까지 몰리다

기업의 전체 종업원 15,000명의 인사 노무를 담당해야 하는 업무 스케일, 높은 지명도, 안정된 복지, 보장된 특전……. 입사 초기에는 '내 인생 최고의 기회'라고 생각했다.

그러나 인생은 쉽게 풀리지 않는 법. 입사 후 얼마 지나지 않아 회사의 급여계산 소프트웨어를 개발하는 업무를 맡게 되었다. 내가 배운 노무 지식을 활용할 수 있는 범위는 '개발 과정에서 컴플라이언스(Compliance, 회사가 관계 법규를 준수해 나가도록 하는 준법감시체계)의 위반이 있는지 없는지 확인'하는 정도였는데, 뜬금없이 소프트웨어 개발이 주된 업무로 주어진 것이다.

그때까지 인생을 살아오면서 내가 소프트웨어를 개발한다는 것은 생각조차 해본 적이 없었다. 컴퓨터에 관한 지식도 평균적인 수준이었다. 지식도, 실력도 전혀 없는데 갑자기 '소프트 웨어를 개발하라'는 지시가 떨어진 것이다. 게다가 이제 막 신설된 부서였기 때문에 모두가 시행착오를 겪으며 자기 앞가림하기에 바빴다. 신입사원인 내게 무언가를 가르쳐주는 사람은 아무도 없었다는 뜻이다.

그래도 어떻게든 해보려고 노력했다. 겨우겨우 손에 넣은 '안정'을 놓치지 않기 위해서. 하지만 '힘을 내야지', '내 힘으로 어떻게든 해야 돼.'라는 절실함이 강해지면 강해질수록 마음은 피폐해져 갔다. 급기야 몸까지 축 처지면서 의지대로 움직여주지 않았다. 지금 돌이켜보면 우울증에 다리 한 짝을 집어넣은 상태로 하루하루를 보냈던 것 같다.

'겨우 행복을 손에 넣은 것 같았는데 왜 또 이렇게 금세 힘들어지는 거지? 내 인생은 계속 이런 일의 연속인 걸까?' 그즈음 나는 절망적인 기분에 사로잡혀 있었다. 인생이 너무 버겁고 힘들게 느껴졌다.

인생의 멘토를 만나고
천직을 깨닫다

그렇게 몸도 마음도 피폐해져 가는 나를 지켜보던 친구 한 명이 "너 정말 이대로 괜찮겠어? 있잖아, 여기에 이런 자기 계발 프로그램을 진행하는 세미나가 있는데 한 번 들어보는 게 어때?"라고 제안을 해 왔다.

그리고 나는 인생을 거는 마음으로 그 세미나에 참가했다. 결론부터 말하자면 그 코칭(Coaching, 인생 · 진로 · 비즈니스 · 인간 관계 등에 대해 개인의 변화와 성장을 이끌어낼 수 있도록 지원하는 인재 개발 기법의 하나로, 스스로 목표를 설정하고 효과적으로 달성하며 성장할 수 있도록 지지하는 과정 전반을 뜻한다) 세미나에 참가해 인생의 멘토를 만날 수 있었고, 이것이 나의 삶을 바꾸는 엄청난 전기가 되었다.

"성공에는 원리원칙이 존재한다. 하지만 머리로만 알아서는 안 된다. 올바른 실천 방법을 배우고 행동할 수 있어야 조화를 이루어 성공할 수 있다."

세미나에서 배운 내용이다. 특별할 것 없는 이야기처럼 들리겠지만 세부적인 내용은 세상에 알려진 일반적인 코칭 기법보다 한 걸음 더 들어간 심도 깊은 강의였다. 그 세미나의 메인 강연자이자 이후 나의 멘토가 된 K 선생님은 다양한 동양철학 및 동양 문화권에서의 통계학에 정통한 코칭 기법의 권위자였다.

니트 시절, 힘든 상황에서 벗어나고 싶은 마음에 여러 가지 책을 많이 읽었다. 그중 성공철학, 자기 계발에 관한 책 역시 십수 권을 읽었기에 머리로는 코칭에 대한 개념을 어느 정도 알고 있었다. 하지만 무엇부터 어떻게 시작하면 좋을지 잘 몰랐는데, 선생님의 첫 강연을 듣고 비로소 '아, 그런 뜻이구나!' 하며 지금까지 읽은 내용들이 이해되기 시작했다.

며칠 동안 진행된 첫 세미나가 끝나갈 무렵에는 '이것만큼 다른 이들에게 힘과 용기를 북돋아줄 수 있는 일은 없겠다!'라는 생각이 강렬하게 들었다. 너무도 깊은 감명을 받은 나머지 '나도 언젠가 저 선생님처럼 코칭 전문가가 되어 사람들을 위해 강연하고 싶다.'라고 결심하기에 이르렀고, 배움을 얻기 위해

선생님의 일을 돕기 시작했다. 천직을 만난 순간이었다.

회사를 다니면서 주말을 이용해 세미나 일을 도왔다. 그리고 마침내 코칭 프로그램 진행을 돕는 트레이너의 자격으로 세미나 참가자들을 만나게 되었다. 그런데 트레이너가 되자, 선생님이나 다른 코치님들을 단순히 보조하는 것만으로는 내 몫을 충분히 다하는 것 같지 않았다. 실력을 쌓지 않으면 참가자 모두에게 폐만 끼치고 말 것이라는 생각이 들었고, 나는 필사적으로 노력하기 시작했다.

과거의 아픈 경험이
변화하지 못하는 인간을 만든다

코칭 기법을 이해하고, 세미나 참가자와 소통하고, 다양한 책과 자료를 분석하고, 심신을 단련하는 등의 여러 과정과 경험을 거치면서 확실하게 깨달은 점 하나는 '인간은 변화를 두려워하는 동물'이라는 사실이다.

돌다리를 너무 두들기다 건너지도 못한 채 망가뜨리고 만다. 그러고는 "건너지 않길 잘했어." 하며 변명을 찾는다. 이것은 인간의 생존본능에서 비롯된 것이다. 아주 먼 옛날, 원시 시대의 인간은 자연의 세계에서 너무도 약한 동물이었다. 새로운 일에 도전했다 실패하는 것만으로도 쉽사리 죽기도 하는 존재였다. 그렇게 변화를 두려워하는 유전자가 지금도 우리에게 남아 있다.

그러나 지금은 태고 시절이 아니다. 원시의 시대와는 비교할 수 없을 만큼 안전하고 평화로운 시대다. 그런데 도대체 무엇이 우리의 변화를 가로막는 것일까? 이는 과거의 아픈 경험이다. 실패했던 경험, 부끄러웠던 경험, 아팠던 경험, 힘들었던 경험……. 인간의 뇌는 그것을 확실히 기억하고, 두 번 다시 경험하고 싶지 않다고 느낀다.

어른이 되어갈수록 이 같은 부정적 경험은 증가한다. 이를 그대로 방치하면 뇌는 점점 겁쟁이가 되고 마는 것이다. 그리고 자기 멋대로 앞서가며 '이와 비슷한 일을 해서 과거에 실패한 경험이 있잖아? 그러니까 하지 마.', '그런 일을 했다가 과거에 쓰디쓴 상처를 입었잖아. 위험하니까 피해야 해.'라는 사고회로를 만든다.

실패할 것이다, 쓰라린 아픔을 겪을 것이다….
이렇게 단정 짓는 것은 바로 자신의 뇌다.
모든 것이 아직 일어나지 않은 일에 대한
잘못된 믿음에 불과한데도
뇌는 이런 방식으로 제동을 건다.

그 결과, 행동하지 못하고 변화를 시도하지 못하는 인간이 되고 만다. 나 역시 그랬다. 과거의 사건에서 비롯된 잘못된 믿음 때문에 스스로 제동을 걸고 있었다. 이어지는 이야기를 보며 "뭐야, 그런 사소한 일이었어?!"라고 생각하지는 않길 바란다. 일의 중대함은 당사자가 입은 상처의 크기에 좌우된다. 이 점을 이해하면서 읽어주었으면 한다.

과거의 사건에서 촉발된
잘못된 믿음이
오랜 시간 나를 괴롭히다

초등학교 6학년이었던 해의 어린이 소프트볼 대회에서 생긴 일이다. 나는 4번 타자에 투수까지 맡은 주장이었다. 우리 팀은 승승장구하며 우승이 가장 유력시되는 강팀의 2군과 준결승전에서 맞붙게 되었다. 그러나 아쉽게도 그 경기에서 패하고 말았다. 결승에서 강팀과 맞붙을 것이라 생각했는데, 그 팀의 2군에게 지다니 전혀 예상치 못한 일이었다. 오랫동안 준비했던 꿈이 좌절된 데다 2군 팀에게 패배했다는 사실이 너무 분하고 속상한 나머지, 운동장에 모두가 모여 정렬하는 순간 나도 모르게 눈물을 줄줄 흘렸다.

그때였다. 상대 팀에 있던 친한 친구의 아버지가 "어, 저거 봐! 유스케가 우네?!" 하며 큰소리로 외쳤다. 마치 놀리는 듯한

어조였다. 친구 아버지에게 딱히 나쁜 의도는 없었는지도 모른다. 하지만 당시의 어린 나에게 친한 친구의 아버지는 어마어마하게 큰 존재였다. 그런 분에게 그 말을 듣자, 너무도 창피하고 충격적이어서 나는 고개를 들 수가 없었다. 그리고 그 후의 일은 잘 기억나지 않는다.

그때 내 마음속에는 '정말 진지하고 뜨겁게 무언가에 푹 빠져들어 눈물을 흘려도 비웃음을 당할 뿐이야. 아무리 열심히 해도 망신만 당해.'라는 강한 믿음이 생겨나고 말았다. 그리고 그 후로 '땀범벅, 눈물범벅이 되면서까지 열심히 하는 건 좀 꼴사나워……' 한 발 더 나아가 '내 생각을 주위 사람에게 드러내면 손해를 볼 뿐이야.' 등의 잘못된 믿음이 우후죽순처럼 마음속에 뻗어나갔다.

대학 시절 문화제가 성공하자, 문화제 실행위원이었던 한 친구가 눈물을 흘리며 기뻐한 적이 있다. 나는 그 광경을 '뭐야, 애처럼 울기나 하고. 바보같이.' 하며 차가운 눈으로 바라봤다. 그러나 코칭 세미나에 참가하기 전까지는 그 소프트볼 대회에서의 사건이 내 인생에 이토록 깊은 영향을 미치고 있다는 사실을 나는 전혀 깨닫지 못하고 있었다. 무의식중에 이것을 마음속 깊은 곳에 기억하고 싶지 않은 과거의 사건으로 봉인해두었기 때문이다.

다이아몬드 광맥의
단서를 발견하다

　나는 차분히 소프트볼 대회 때 일어난 일을 되짚어 보기로 했다. 분명 웃음거리가 된 순간을 생각하면 오래된 상처를 헤집은 듯 가슴이 아팠다. 그렇지만 준결승전에서 공을 던지던 때야말로 내가 가장 나답게 살았던, 기쁨으로 가득 찼던 순간이라는 사실을 깨달았다.

　인생 최악의 날이라고 생각했던 그 하루는 사실 그 사건이 있기 바로 전까지만 해도 내 인생 최고의 날이었던 것이다. 사실 나의 내면 깊은 곳에는 줄곧 이런 생각이 있었다.

　'눈물 날 정도로 진지하고 뜨겁게 무언가에 열중하고 싶다!'

　'창피를 당해도 좋으니 최선을 다하고 싶다!'

　'내 생각을 사람들에게 표현하고 싶다!'

문화제 성공에 눈물을 흘리며 기뻐하던 친구가 실은 너무도 부러웠던 것이다. 이때가 바로 내가 자신의 다이아몬드의 단서를 찾아낸 순간이었다. '과거의 좋지 않았던 경험'과 자신의 다이아몬드는 표리일체라 할 수 있을 정도로 깊은 연관성을 가지고 있다는 사실을 절실히 깨달은 것이다.

진정한 나의 얼굴을
마주하다

    멘토인 K 선생님이 건강상의 이유로 코칭 프로그램 사업을 정리하게 되면서 나는 독립을 결심했다. 본격적으로 코칭 비즈니스를 시작하기 위해 다니던 회사를 정리하고, 서양의 성공철학을 더욱 깊이 파고들어 탐색했다. 코칭 기법에 있어 세계적인 명망을 누리고 있는 전문가를 만나 코칭 비즈니스 기술의 정수를 전수받기도 했다. 그리고 시작한 나의 코칭 비즈니스는 개인과 기업체로부터 기대 이상의 큰 호응을 이끌어냈다. 불과 3주 만에 회사 재직 시절에 받던 월급의 6개월 치에 해당하는 계약을 체결한 것이다.

    '인간으로서 바람직한 모습', '인간으로서 바람직한 삶의 방식'을 중요하게 여기는 동양의 성공철학. '실리적이고 효율적인 지식과 기술'을 중요시하는 서양의 성공철학. 이 두 가지를 융합하고, 여기에 그간의 연구와 경험에서 비롯된 독창적인 아이디어와 사고방식을 적용해 물질과 정신적 풍요를 조화롭게 충족시킬 새로운 성공 프로세스를 이끌어낼 수 있었다. '드디어 때가 되었다'라는 생각이 들었다. 그리고 2014년, 물질과 마음 모두가 풍요로워질 수 있는 고유의 코칭 프로세스를 제공하는 회사를 설립해 현재에 이르고 있다. 이런 내가 찾은 자신의 다이아몬드는 바로 이것이다.

> "나는 열정적으로,
> 온 힘을 다해 살아가는 남자입니다."

앞에서 말한 소프트볼 대회 때 생긴 사건을 바탕으로 생각해낸 다이아몬드다. 이 말을 입에 담을 때마다 등줄기가 쭉 펴지는 느낌이 들고 가슴이 찡하니 뜨거워진다. 나는 줄곧 진정한 나의 얼굴을 외면한 채 살아온 것이다.

이 책을 읽는 당신 또한 자신의 다이아몬드를 입에 담을 때마다 몸과 마음이 흥분될 것이다. 말했듯이 자신의 다이아몬드란 나를 지탱해주는 중심축을 의미한다. 굳건한 축이 있으면 충만함이 가득하고 사명감이 깃든 삶을 살아갈 수 있다.

03

자신의 다이아몬드를 찾아
나다운 삶을 산다

자신의 다이아몬드를
찾기 시작하면
다양한 변화가 일어난다

　나를 지지해주고 가야할 방향을 가리키는 중심축, 즉 자신의 다이아몬드를 찾기 시작하면 내 삶에 어떤 변화가 일어날까? 바로 다음과 같은 일이 일어난다.

자신의 다이아몬드를 찾음으로써 삶에 일어날 변화

❶ 불안에 떨지 않게 된다.

❷ 자신의 축이 견고해져 '진정한 자신'과 '현재의 자신'과의 괴리를 객관적으로 바라볼 수 있다.

❸ 점점 변화하는 자신을 두려워하지 않게 된다.

❹ 못 한다, 불가능하다고 생각했던 일에 도전할 수 있게 된다.

⑤ 동기부여가 강해져 실행력이 높아진다.

⑥ 정말 하고 싶은 일이 보이기 시작한다.

⑦ 타인에게 보여주기 식으로 잘난 척하지 않고 진정한 자신을 솔직하게 보여줄 수 있게 된다.

⑧ 하고 싶은 일을 하기에 찬성하고 응원해주는 사람이 늘어난다.

⑨ 내면에서 빛이 나기 때문에 그에 이끌린 사람들이 주위로 점점 모여든다.

⑩ 복합적인 상승 효과로 자신이 상상했던 것 이상의 결실을 거둘 수 있다.

이제, 각각의 변화에 관해 자세히 살펴보기로 하자.

❶ 불안에 떨지 않게 된다

무슨 일을 해도 잘 해내지 못하고, 자신감이 없고, 남의 눈치만 보게 되고, 누군가에게 민폐를 끼치는 건 아닐까, 혼나는 건 아닐까 하루하루를 긴장 속에서 생활하는 사람이 있다고 하자. 그는 '지금 이 인생이 쭉 이어지면 어떻게 하지……' 하는 걱정으로 불안해한다. 불안이라는 존재는 막연한 채로 있으면 머릿속에서 점점 커지기 마련이다. 그리고 이런 상태는 또 다른 불안을 불러와 더 깊은 악순환을 야기한다.

그러므로 불안에 떨지 않기 위해서는 자신이 왜 불안한지 자문하고 스스로 깨닫는 것이 먼저 필요하다.

"언제부터 내가 이렇게 되었지?"

"무엇 때문에 지금의 내가 된 거야?"

"왜 내가 이렇게 되어야 하는 거지?"

자신의 다이아몬드를 발견하는 과정에는 자기 자신과 마주하기 위해 이러한 질문에 답하며 불안의 정체를 밝혀나가는 작업이 있다. 불안감의 정체만 알면 해결책을 찾아낼 수 있으며, 마음에 여유가 생겨 침착하게 행동할 수 있다.

❷ 자신의 축이 생겨나 '진정한 자신'과 '현재의 자신'과의 괴리를 객관적으로 바라볼 수 있다

자신의 다이아몬드를 발견한다는 것은 진정한 자신을 발견한 다는 뜻이다. 즉 자신이 원래 어떤 인간으로 태어났는지를 깨 닫게 된다. 그리고 이것이 삶의 기준, 축이 된다.

자신의 다이아몬드를 알면 '현재의 자신'과 비교할 수 있다. 예를 들어 자신의 다이아몬드가 '굳은 심지를 지니고 꾸준히 행동해 나가는 남자'인데도 지금은 '남의 의견에 휘둘리기만 하 고, 한 번 하겠다고 마음먹은 일을 도중에 내팽개치고, 벽에 부 딪히면 금세 포기해버리는 상태'라고 치자.

자신의 다이아몬드를 발견하면 지금 자신이 하는 행동과 발 언, 생각, 마음 상태를 자신의 다이아몬드와 비교하여 어떤 것 이 어긋나 있는지, 그 괴리를 객관적으로 인지할 수 있다. 이 괴리만 파악하면, 다음은 자신의 다이아몬드로 되돌리기만 하 면 된다.

❸ 점점 변화해 나가는 자신을 두려워하지 않게 된다

자신의 다이아몬드가 명확해지고, 나아가 '현재의 자신'과의 괴 리도 명확해졌다면 그 괴리를 없애기 위해 스스로 변화해 나가 야 한다. 자신을 쉽게 변화시킬 수 있는 사람은 별문제가 없다.

하지만 모든 사람이 거부감 없이 자신에게 일어나는 변화를 쉽게 받아들일 수 있는 것은 아니다.

변화를 싫어하고 두려워하는 사람들은 '더 좋은 인생을 만들어 나가고 싶다.'라고 생각하면서도 막상 이를 위해 행동해야 하는 순간이 닥치면 지금까지의 패턴을 바꾸는 데 주저한다. 이들 변화를 싫어하는 사람은 크게 세 가지 유형으로 나눠 볼 수 있다.

- **유형 1** 미래를 예측할 수 없는 것에 대한 불안감이 있다.

- **유형 2** 스스로 변화하려면 엄청나게 많은 노력이 필요하고 싫은 일도 억지로 해야 한다는 잘못된 생각을 한다.

- **유형 3** 변화를 원하고는 있으나, 변화를 위해서는 무언가 반드시 희생해야 한다는 잘못된 생각을 한다.

유형 1에서 말하는 불안은 앞에서 언급했던 항목 가운데 '① 불안에 떨지 않게 된다'의 불안과는 뉘앙스가 약간 다르다. ①의 경우는 불안감의 원인을 애당초 모르는 상태에서 비롯되는 감정인 반면, 여기서 말하는 불안은 자신이 불안감을 느끼

는 원인은 알지만, 그와 별개로 미래를 예측할 수 없어 가지는 불안을 의미한다.

다시 말해 최종 목표가 불분명한 상태에서 행동하려고 하면 불안감이 엄습해 부정적인 감정이 고조되고, 변화하는 데 두려움을 느껴 회피하고 만다는 뜻이다. 예를 들어 마라톤을 할 때 몇 킬로미터를 달려야 하는지 정해져 있지 않다면 어떨까? 얼마나 달리면 좋을지 명확하지 않기 때문에 '도중에 다리가 아프면 어떻게 하지?', '탈수로 쓰러져서 의식을 잃으면 어떡하지?' 등의 불안에 휩싸여 처음부터 달릴 엄두도 내지 못할 수 있다.

유형 2의 경우는 '성공 = 노력, 힘듦, 고통……'의 이미지를 품고 있는 사람이다. 물론 누구나 다음과 같은 말을 들어본 적이 있을 것이다.

"성공은 쉽지 않다."

"성공하기 위해서는 피나는 노력이 필요하다."

분명 성공하기 위해서는 노력이 필요하다. 하지만 같은 노력이라도 핵심을 짚은 노력이 필요하다. 핵심을 짚은 노력이란 마지못해서가 아니라 자신이 원하는 최종 목표를 향해 나아가기 위한 노력을 의미한다. 자신이 원하는 최종 목표를 향해 나아가므로 '고통을 참으며, 마지못해서'가 아니라 노력하고 싶어서 노력한다. 자신이 바라는 것을 얻기 위해서는 노력이 필요하다는 사실을 충분히 이해했기에 기꺼이 노력한다.

그러나 많은 사람이 자신이 원하는 최종 목표가 명확하지 않기 때문에, 주변의 환경이나 상황에 떠밀려 어쩔 수 없이 노력해야 하는 것이라 생각한다. 그렇기 때문에 고통이 동반되고, 자연히 '무언가를 위한 노력은 고통스럽다, 힘들다.'라는 인식이 굳어진다.

유형 3의 경우는 '둘 중 하나밖에 얻지 못한다.'라고 생각하는 사람이다. 다시 말해 둘 중 어느 한쪽을 얻으면 다른 한쪽은 포기해야 한다는 양자택일의 관점으로 대부분의 것을 바라보는 사고방식의 소유자다.

이러한 유형의 사람은 자신이 원하는 것을 얻기 위해서는 반드시 무언가를 희생해야 한다는 잘못된 생각을 한다. 인간에게 무언가를 희생하거나 잃어야 한다는 사실은 매우 큰 공포다. 바로 그 공포심이 변화를 가로막는 것이다. 그래서 두 가지 모두, 혹은 자신이 원하는 것 모두를 최종 목표로 삼는다는 발상을 떠올리지 못한다.

위의 세 유형을 비롯해 변화에 거부감을 가지는 사람들의 공통점은 변화한 후에 도달할 최종 목표가 명확하지 않다는 점이다. 즉 자신이 진정으로 바라는 것이 무엇인지 모른다. 그에 반해 자신의 다이아몬드가 있는 사람은 최종 목표가 명확하기 때문에 변화에 대한 저항감이나 거부감이 없다. 변화하면 할수록 자신의 다이아몬드가 더 갈고닦여 반짝이기 때문에, 변화하고 싶은 이유는 있어도 변화를 두려워할 이유는 없는 것이다.

❹ **못 한다, 불가능하다고 생각했던 일에 도전할 수 있게 된다**
하고 싶은 일은 있지만 그 일에 도전할 용기가 없다거나, 뛰어들 여건이 안 된다는 사람도 있다. 그런 사람은 실패를 지나치게 두려워하고 부끄럽게 생각하는 등 무언가를 실행하기 전부터 미리 머릿속으로 일이 잘 되지 않을 것이라고 생각한다. 그래서 도전할 수 없는 것이다.

예를 들어 자신의 다이아몬드를 발견한 B씨의 경우를 살펴보자.

자신의 다이아몬드를 발견하기 전의 나는 하고 싶은 일이나 도전하고 싶은 일이 있어도 마음속 어딘가에서 '어차피 해봐도 안 될 거야.', '실패하면 뒷감당을 어떻게 하려고?'와 같은 목소리가 들려와 행동으로 옮길 수가 없었다. 어렵사리 용기를 내 도전해본 경우도 있었으나 실패와 좌절이 반복될 뿐이었다.

기대했던 성과를 얻지 못했기 때문에 '어차피 내 능력이 이것뿐이지. 내 인생이 그렇지 뭐……' 하며 자포자기한 심정에 빠지기 일쑤였다. 그렇게 언제부터인가 실패가 두려워 더는 새로운 일에 도전하지 않게 되었고, 체념 섞인 무난한 일상을 살아가는 것이 당연하게 느껴졌다.

그러던 중 우연히 접하게 된 코칭 프로그램의 과정을 수행하면서 '나는 진심으로 나를 믿는 남자입니다.'라는 자신의 다이아몬드를 발견한 후로 나는 달라지기 시작했다. 나 자신을 믿을 수 있게 되었다. '어차피 안 될 거야.', '실패하면 어쩌지?'와 같은 마음의 소리가 들려올 때는 '진심으로 나를 믿는 나라면 어떻게 할까?', '어떻게 하면 실현할 수 있을까?'와 같이 다시 자문함으로써 용기와 동기를 얻었다. 마치 뇌의 사고체계가 바뀌어버린 듯했다.

그러자 지금까지와는 전혀 다른 발상과 방법, 아이디어가 떠오르기 시작했고, 전과 비교할 수 없을 정도로 적극적인 행동력을 가지게 되었다. 스스로도 놀랄 정도였다. 그리고 당연한 이야기이지만 그토록 바라던 성과도 나타나기 시작했다.

새로운 경험과 일에 도전해 나가는 과정에서 일이 잘 풀리지 않는 때가 찾아오는 것은 어찌 보면 너무도 자연스러운 일일 것이다. 하지만 B씨처럼 자신의 다이아몬드를 발견하면, '내게 이 일은 무리야. 도저히 불가능해.'라고 자기 마음대로 쌓아 두었던 불신의 울타리가 허물어짐으로써 과감히 도전하고 행동할 수 있게 된다.

❺ 동기부여가 강해져 실행력이 높아진다

앞에서도 언급했듯 자신의 다이아몬드를 발견하면, 생각을 행동으로 옮길 수 있는 나로 변화하게 된다. 그리고 일단 행동하기 시작하면 작은 성공 체험이 쌓이기 마련이다. 이 작은 성공 체험이 스스로에게 자신감을 가져다 주고 '다음은 어떤 성공이 기다리고 있을까?', '더 해보고 싶다!'와 같은 욕구로 이어져 행동에 가속도가 붙는다. "행동하지 않으면 그 무엇도 변하지 않는다. 한 발 내디디면 인생이 변한다." 흔하디 흔한 이 명언이 실감나는 순간이 오는 것이다.

❻ 정말 하고 싶은 일이 보이기 시작한다

자신의 다이아몬드의 발견은 '인생의 목적'으로 이어진다. 자신의 다이아몬드, 즉 '진정한 자신'을 찾았기에 다른 사람의 기대나 세상의 시류에 좌우되지 않고 '나는 무엇을 위해 이 세상에 태어났을까?' 하는 당신에게만 있는, 당신 고유의 인생 목적이 선명해지기 시작한다.

C씨의 이야기를 들어보도록 하자.

'아무런 장점도 없는 나……. 도대체 무엇을 위해 태어나 여기에 있는 걸까?' 나는 항상 이 질문에 대한 답을 찾아왔다. 그러던 중 '나는 솔직하게 나를 표현하는 여자입니다.'라는 자신의 다이아몬드를 발견하고 그것이 내 본연의 모습임을 의식하며 생활하자, 그토록 찾아 헤매던 '무엇을 위해 태어나 여기에 있는가?'에 대한 답이 보이기 시작했다.

마치 어린 시절에 멈춰 있던 시간이 다시 흐르기 시작한 듯한 느낌이었다. 그런 가운데 눈앞의 누군가를 웃게 만들고, 함께 웃고 싶다는 생각만이 넘쳐흘렀다. 그래서 '이것을 위해 내가 할 수 있는 일은 무엇일까?' 하고 자문한 결과 얻은 대답은 이것이었다. '모두를 웃게 만들고 싶다면 우선 내가 웃을 수 있어야 해.'

그런 생각으로 혼자만의 취미로 즐기던 빵 만들기를 본격적으로 시작했다. 정성을 쏟아 만든 빵을 가족과 이웃에게 선물하고, 봉사 단체에 참여해 어려운 사람들의 몸과 마음이 든든해졌으면 하는 바람을 담아 빵을 전달하고 재능 기부를 하기도 했다. 그리고 지금은 더 많은 사람들을 기쁘게 해주고 싶다는 마음으로 작은 가게를 꾸려, 건강하고 맛있는 빵을 매일 굽고 있다.

자신의 다이아몬드를 발견하고 그것을 바탕으로 앞으로의 날들을 그려보았을 때 정말 내가 하고 싶은 일을 찾을 수 있었다. 눈앞의 사람이 기뻐하고 웃어주는 일이 내 삶을 이끄는 원동력임을 깨닫고, 그에 솔직하게 따른 결과 지금 나는 정말 행복하다. 물 위에 떨어진 물방울이 파문을 이루며 퍼져나가듯 내가 만든 빵을 드시는 분들의 미소가 주위로 퍼져나가 행복한 사람들로 가득 찬 세상을 만들고 싶다.

인생의 목적이 있는 사람은 책임감 있게 살아간다. 왜냐하면 그들은 자신뿐 아니라 주위 사람과 더불어 잘 살기 위해서 어떻게 하면 좋을까 하는 일종의 사명감을 가지고 있기 때문이다. 이것이 신념이 되고, 자신의 생각이나 의견을 말하는 데 대한 두려움이나 거부감을 없애준다.

가령 예전 같으면 '회사를 위해서라면 과감하게 윗사람에게 제안하는 편이 좋겠지만 건방지다는 소리를 들으면 어쩌지······.' 등의 이유로 의견을 밝히기를 주저했을지 모른다. 하지만 자신의 다이아몬드가 확고한 사람은 이 같은 문제에 대해 "회사나 고객의 행복으로 이어지는 문제니 한 말씀드리겠습니다."라는 태도를 취할 수 있다.

❼ 타인에게 잘 보이기 위해 잘난 척하지 않고, 진정한 자신을 보여줄 수 있게 된다

세상의 많은 사람들이 진정한 자신으로 살아가기를 원한다. 하지만 그에 못지않게 마음속 깊은 곳에서는 모순된 걱정이 존재한다.

'진정한 나는 가치가 없어.'

'진짜 내 모습을 그대로 내보였다가는 미움받을지 몰라.'

'이상한 녀석이라고 생각할 거야.'

'다른 사람이 받아들여 주지 않을거야.'

'진정한 나는 사실 나약하기 때문에 그 부분을 남에게 보여주면 초라해질 뿐이야.'

'사람들이 떠나갈지 몰라.'

'지금의 입지가 무너질 수도 있어.'

실제로 많은 사람들이 이런 일이 일어날까봐 좋아하지도 않으면서 좋아하는 척하고, 다른 사람의 말과 행동에 맞추곤 한다. 그리고 그런 행동들이 원만한 인간관계를 구축하는 길이라고 믿어 의심치 않고, 세월이 흐름에 따라 결국 진정한 자신을 잊고 만다.

자신의 다이아몬드를 찾기 시작한 사람 중에는 어떻게 하면 진정한 자신이 될 수 있는지, 애당초 '진정한 자신'이 도대체 무엇이었는지도 모르겠다는 사람이 많다. 그 정도로 주위 사람에게만 맞춰 살다 보니 스스로가 어떤 사람인지조차 모르게 되었다는 말이다.

우리는 부모님이나 학교 교육, 사회적 상식에 얽매이며 타인의 기대에 부응하기 위해 필사적으로 노력한다. 그 결과 어느 사이엔가 자신이 이상적으로 생각하는 모습이 아닌, 누군가가 이상적으로 바라볼 것이라 여겨지는 모습을 진정한 자신이라고 무의식중에 믿게 된다. 자신의 축이 아닌 타인의 축으로 형상화된 모습이 나라고 착각하는 것이다. 그렇게 누군가의 이상적인 모습이 되기 위해 몇 십 년 동안 노력하다 보니 어느 순간 우리는 진정한 자신의 얼굴을 잊어버렸다.

하지만 자신의 다이아몬드를 발견하면, 지금까지 남에게 잘 보이고 싶고 미움받고 싶지 않은 마음에 얼마나 필사적으로 자신을 꾸미며 무리해 왔는지 자각할 수 있다. 자신의 진짜 모습을 소홀히 하고 소중하게 여기지 않았음을 깨달을 수 있기에 진정한 자신으로 살아가는 일이 얼마나 멋진 일인지 더 극적으로 실감할 수 있다.

지금까지는 자신의 축이 명확하게 서 있지 않았기에 타인에게 인정받을 수 있는 인간이 되기 위해 안간힘을 써 왔지만, 축이 확고해지면 더는 그럴 필요가 없는 것이다. 남에게 상처받지 않기 위해 무거운 갑옷을 수없이 껴입고 무장해 왔다는 사실을 깨닫고, 이를 훌훌 벗어던짐에 따라 정말 날 수 있을 것만 같은 홀가분한 기분을 느낄 수 있다.

진정한 자신을 되찾고 변화를 실감한 D씨의 이야기를 들어보자.

'남에게 잘 보일 필요 없다, 이대로도 괜찮다.'

이렇게 생각할 수 있게 되자 언제나 바짝 경직되어 있던 어깨에서 힘이 빠지는 것을 느낄 수 있었다. 내가 되찾은 '진정한 자신'을 내보이자 주위 사람들의 반응도 달라졌다. "친근감이 생겨났다.", "함께 있으면 힘이 난다.", "항상 반짝반짝 빛이 난다."라는 말을 듣는 일도 잦아졌다.

그전까지 그와 상반되는 말만 들어왔기에 그러한 변화가 놀라울 수밖에 없었다. 과거의 나는, 힘을 빼면 왠지 불성실해 보일 것 같은 걱정이 드는 데다 가까스로 유지하고 있는 성과조차 놓쳐버릴 것만 같다는 압박감에 시달렸었다. 그런데 정작 어깨에서 힘을 빼자, 내가 생각한 것 이상의 성과를 올릴 수 있다는 자신감을 얻게 된 것이다.

❽ 하고 싶은 일을 하기에 찬성하고 응원해주는 사람이 늘어난다

자신의 다이아몬드가 있는 사람의 주변에는 그의 도전을 응원하는 동료나, 협조와 독려를 아끼지 않는 조력자가 많다. 왜냐하면 그들은 자신이 만나는 사람에게 "이런 일을 해보고 싶어요.", "이런 인생을 꼭 살아보고 싶어요."라고 적극적으로 이야기하기 때문이다.

순수한 열정과 꿈에 관해 이야기하면 할수록 이에 공감하고, 찬성하고, 응원하는 사람이 늘어난다. 성공하지 못하는 사람 대부분이 '나 혼자 열심히 하는 수밖에 없어.'라고 생각해 동료를 잘 만들지 못하는 것과는 대조적이다. 이런 현상이 일어나는 이유는 ⑥, ⑦에서도 말했듯이 자신이 진심으로 하고 싶은 일이 보이기 시작한 데다, 잘난 척하거나 남의 비위를 맞추려 하거나 잘 보이려고 하지 않고, 그저 진정한 자신을 드러내기 때문이다.

❾ 내면에서 빛이 나기 때문에 그에 이끌려 주위에 사람들이 점점 모여든다

자신의 다이아몬드가 있는 사람은 인생의 목적을 또렷이 가지고 살기 때문에 설레는 마음으로 주저 없이 행동해 나갈 수 있다. 이는 모두가 부러워하는 모습이기에 '나도 저렇게 살고 싶다.'라고 생각한 사람들이 다이아몬드의 반짝임에 이끌려 모여든다. 그리하여 그를 중심으로 긍정적으로 살아보고자 하는 사람들의 테두리가 생겨난다.

또 자신의 다이아몬드를 발견한 사람은 자신의 다이아몬드가 어떤 것인지, 어떻게 하면 찾을 수 있는지 직접 경험해 보았기 때문에 주위 사람들이 자신의 다이아몬드를 찾도록 도울 수 있다. 삶의 고비에서 좌절하는 친구에게 "너를 다시 일으켜 줄 '자신의 다이아몬드'는 이런 데 있을지도 몰라." 등의 조언을 해 줄 수도 있다. 이는 한 광산에서 다이아몬드를 채취한 경험이 있는 사람이 다른 광산에서도 다이아몬드의 광맥을 잘 찾아낼 수 있는 것과 같다. 이를 통해 주위 사람들의 인생에 좋은 영향을 미치게 된다.

❿ 다양한 상승 효과로 자신이 상상했던 것 이상의 성공을 거머쥘 수 있다

자신의 다이아몬드를 발견한 후 다양한 결실을 거두고 이상으로 꿈꾸었던 인생에 가까워졌다는 이야기를 자주 접하곤 한다. 그 일부를 173쪽에 있는 사례집 '자신의 다이아몬드를 발견한 사람들'에 소개했으니 참고하길 바란다.

어떻게 이러한 성과를 올릴 수 있는 걸까? 그 이유는 지금껏

이야기한 ①~⑩에 끝이 없기 때문이다. 즉 자신의 다이아몬드를 발견하면 끊임없이 변화하고 성장할 수 있다는 의미이다. 다이아몬드를 갈고닦으면 점점 더 반짝이듯 자신의 다이아몬드 또한 갈고닦을수록 더 영롱한 빛이 난다.

자신의 다이아몬드가 더 빛나기 시작하면 우리의 인생 단계도 올라간다. 이는 나의 인생 단계에 걸맞은 사람과 만나고, 새로운 일이 찾아오고, 기회가 생기고, 바라는 것 이상의 성과를 올릴 수 있다는 뜻이다. 내가 가지고 있던 잠재적 재능이나 발상이 꽃을 피워 가능성의 폭이 확연히 넓어지면 자신의 다이아몬드가 또 갈고닦여 더 빛나기 시작하고, 인생 단계도 올라간다. 이러한 일련의 과정을 반복하다 보면 내가 이상으로 삼았던 인생에 가까워지고, 결과적으로 삶의 질이 완전히 바뀌는 것이다.

여기서 다시 한 번 상기해보자.

자신의 다이아몬드의 씨앗은
이미 내 안에 있다.

없는 것을 찾아내는 작업이 아니라 이미 있는 것을 발굴해내는 작업이다. 단 이것은 마음속 깊은 곳에 묻혀 있기에 당신 자신의 손으로 찾아내지 않으면 없는 것과 마찬가지인 존재다. 또한 이것은 원석과도 같기에 스스로 갈고닦지 않으면 본연이 지닌 빛을 제대로 발할 수 없다.

자, 그럼 이제부터 PART 2의 20가지 질문을 통해 당신 안에 잠들어 있을 '자신의 다이아몬드'를 찾아보도록 하자.

"

지금까지 인생에서 자신다웠던 적이
단 한순간도 없었던 사람은 없다

,

PART 2

자신의 다이아몬드를
발견하는
20가지 질문

01

20가지 질문에 답하기 전 알아둘 중요한 사항

이제부터 20가지 질문을 통해 자신의 다이아몬드를 찾아갈 것이다. 단 그 전에 알아두고 기억해야 할 몇 가지 중요한 사항이 있다. 이것을 이해 해두면 자신의 다이아몬드 찾기가 훨씬 수월해질 뿐만 아니라 그것을 발 견한 후 우리에게 일어날 변화도 분명 더욱 커질 것이다.

첫째,
자신의 다이아몬드는 이미
내 안에 있다는 사실을 기억하자

"자신의 다이아몬드를 찾는다."

이 말을 들었을 때 '지금과는 전혀 다른 나'가 된다고 생각하는 사람도 있을 것이다. 지금까지 지니지 못했던 능력이나 기술을 습득하여 마치 딴 사람이 되는 것으로 이해할 수도 있다. 그러나 자신의 다이아몬드를 찾는다는 말은 결코 그런 의미가 아니다.

외부로부터 새로운 힘을 얻어
변화하는 것이 아니라
애초에 자기 안에 있던 '나다움'을 되찾는다.

이렇게 표현하는 것이 정답이다. 지금까지 인생에서 자신다웠던 적이 단 한순간도 없었던 사람은 없다. 자신의 다이아몬드는 이처럼 진정 나다웠던 순간을 바탕으로 찾아가는 것이다. 그렇기에 누구나 자신의 다이아몬드를 손에 넣을 수 있다.

둘째,
물질과 마음 중 어느 하나만이 아닌
둘 모두의 충족이 중요하다는 사실을 기억하자

여기서 말하는 '물질'을 단적으로 표현하자면 금전적인 보수나 이윤을 의미한다. 한편 '마음'이란 심리적 안정이나 충만감 등 정신적인 만족을 의미한다. 우리는 물질만도, 마음만도 아닌 두 가지 모두를 충족했을 때 비로소 '진정으로 성공한 인생'에 다가갈 수 있다.

32쪽에서 보았던 '이상적인 인생에 가까워지기 위한 일곱 단계'의 그림을 다시 한 번 떠올려보자. 이 그림 중 아래에서 세 번째까지의 단계 즉 '자신의 다이아몬드', '인생의 목적', '진정한 이상'까지가 마음을 충족시키기 위한 부분이라고 할 수 있으며, 그 위의 단계들 즉 '목표 설정', '계획', '행동', '실현'이 물질을 충족시키기 위한 부분이라 할 수 있다.

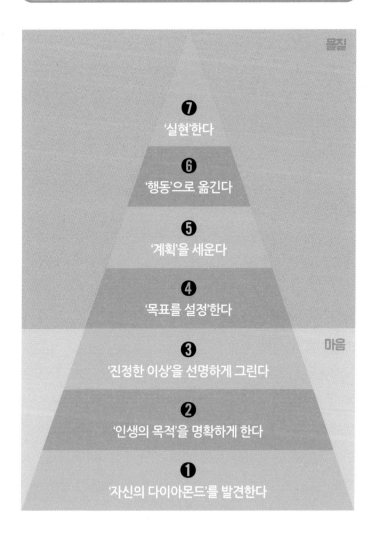

이상적인 인생에 가까워지기 위한 7가지 단계

몸짓

❼
'실현'한다

❻
'행동'으로 옮긴다

❺
'계획'을 세운다

❹
'목표를 설정'한다

마음

❸
'진정한 이상'을 선명하게 그린다

❷
'인생의 목적'을 명확하게 한다

❶
'자신의 다이아몬드'를 발견한다

물질만 있고 마음이 없는 사람은……

물질적으로(금전적으로) 성공한 듯 보여도 마음이 제대로 충족되어 있지 않으면 사람은 쉽게 무너지고 만다. 거금을 손에 쥐고 명예와 지위를 얻었음에도 가족에게 외면당하고, 동료에게 배신당하고, 남을 믿지 못하고, 건강을 잃는 이유는 물질만 있고 마음이 공허한 상태이기 때문이다.

마음만 있고 물질이 없는 사람은……

반대로 마음은 풍요로우나 물질적 풍요를 얻으려는 노력을 하지 않으면 피라미드 끝까지 도달할 수 없기 때문에 '진정 성공한 사람'이 될 수 없다. 간혹 "마음만 충족되면 돈 따위 필요 없어."라는 말을 들을 수 있는데, 이런 말을 하는 사람 중에는 '돈은 나쁜 것'이라고 인식하는 사람이 더러 있다.

그러나 돈은 그 사람이 가진 삶의 방식을 반영한다. 마음먹기에 따라 개인이 바라는 삶의 완성도를 높이고, 그것을 확장하고 지속하는 데 훌륭한 거름으로 활용될 수 있다. 주위 사람에게 공헌함으로써 돈을 모으고, 그 돈을 자신의 이상적인 인생을 이루는 데 투자한다. 예를 들어 이상으로 삼는 곳에 살고, 줄곧 가족과 함께 가고 싶었던 곳으로 여행을 가고, 건강하고 맛있는 음식을 먹고, 자신에게 투자해 더 배우고, 무언가 소중

한 것을 지키기 위해 기부하고……. 이를 실현하면 마음 부분이 더욱 풍요로워진다. 이는 자신의 다이아몬드가 더 밝은 빛을 발한다는 뜻이기도 하다.

자신이 이상으로 삼는 인생이 실현되면 누구나 기쁘다. 따라서 물질을 얻는 일을 즐거운 일이라고 생각해도 괜찮다.

셋째,
자신의 다이아몬드를 채취해
꿈꾸던 인생을 살자

PART 1의 마지막 부분에서도 언급했듯이 자신의 다이아몬드는 발견한 당시에는 원석과 같은 존재다. 스스로 갈고닦지 않으면 절대 영롱한 빛을 발하지 않는다. 그러므로 자신의 다이아몬드를 찾는 큰 목적을 잊지 않는 것이 중요하다. 그 목적이란 바로 이것이다.

"내가 꿈꾼 이상적인 인생을 현실로 만든다."

이 책을 통해 자신의 다이아몬드를 찾기 위한 실질적이고 구체적인 방법을 알아가겠지만, 이는 어디까지나 첫걸음에 불과하다. 자신의 다이아몬드를 갈고닦으며 더 높은 단계를 목표로 삼아 나아가야 한다.

넷째,
자신의 다이아몬드 캐럿 수가 커지면
이상으로 삼는 인생의 풍경도 바뀐다

나아가 다음의 사실을 기억하자.

> 자신의 다이아몬드 캐럿 수는 갈고닦을수록 커진다.

앞으로 나올 20가지 질문에 답해가다 보면 자신의 다이아몬
드를 찾을 수 있게 될 것이다. 그리고 그것을 소중히 갈고닦을
수록 우리의 내면에서는 변화가 시작될 것이다. 여기서 '자신
의 다이아몬드를 갈고닦는다'는 말은 매일의 업무나 가족 및
인간관계 속에서 자신의 다이아몬드에 비추어 내가 정말 하고
싶은 일을 하는 것을 의미한다.

PART 1에서도 언급했듯이 자신이 정말 하고 싶은 일을 해나가는 데에는 여러 장애물이나 상식, 관습, 고정관념 등의 제약이 따를 수 있다. 하지만 자신의 축을 기준으로 이러한 장벽을 걷어내고 정말 하고 싶은 일에 대한 도전을 이어나가면, 그것이 자신의 다이아몬드를 갈고닦는 일로 이어진다.

매일매일 자신의 다이아몬드를 되새김으로써 잊었던 꿈을 기억해내고, 나아가는 법을 배우고, 가치관의 변화를 경험한다. 이를 수없이 반복하다 보면 스스로가 꿈꾸던 이상적인 목표가 실현된다. 그리고 이를 실현하고 나면 또 다른 변화가 시작된다. 바로 우리가 가진 다이아몬드 캐럿 수가 커지는 것이다. 여기서 하나 더 기억해두자.

> 자신의 다이아몬드 캐럿 수가 커지면 커질수록
> 인생의 목적이나 마음속에 그리는 이상적인 인생도 진화한다.

캐럿 수가 커지면 당신의 능력이 더욱 높아지고, 새로운 재능이 발현되고, 사고방식이 바뀌고, 의사소통의 폭이 넓어진다. 지금까지 만나지 못한 인맥과의 교류가 생기고, 접하지 못했던 정보가 들어오고, 새로운 직위에 오르고, 임무를 부여받고, 더 높은 수익을 거두게 된다. 이렇듯 캐럿 수가 커지면 자신의 다이아몬드를 처음 발견했을 때의 몇 배에 달하는 두근거림과 행복, 감사하는 마음을 느낄 수 있다.

그리고 이것들을 손에 넣은 사람은 '다음에는 이런 일도 해보고 싶어, 이런 일도 가능할 수 있어.'라는 희망과 자신감을 가지게 된다. 이것이 바로 인생 목적의 질이 향상되고, 마음속에 그린 이상적인 삶이 진화해가는 모습이다.

인생 목적의 질이 향상된다는 말은, 목적의 의미를 더 넓고 더 깊게 이해할 수 있다는 뜻이다. 예를 들어 '내 눈앞에 있는 사람을 행복하게 만든다.'를 인생의 목적으로 삼았다고 하자. 처음에는 '눈앞의 사람'을 가족이나 친구 업무와 관계된 사람 등 자신이 직접 만나는 사람으로 삼았겠지만, 인생 목적의 질이 달라지면 '아직 만나지 못한 사람을 포함한 이 세상의 모든 사람'이라는 의미로 확장하게 된다.

이처럼 자신의 다이아몬드 캐럿 수가 커지면 커질수록 인생 목적의 질이 바뀌고, 자신이 마음속에 그려온 이상적인 인생도 더욱 구체화된다.

다섯째,
진심으로 자신의 다이아몬드를 찾는
동료와 함께 한다

유감스럽게도 세상에는 자신답게 살아가려는 사람을 바보 취급하거나 방해하려는 사람이 있다. 모처럼 자신의 다이아몬드를 발견해 행동으로 옮기려 해도 "그래 봤자, 그렇게 쉽게 바뀌지 않아.", "참 잘도 그렇게 애쓴다.", "새로운 제안을 하면 일만 늘어나니 그만둬.", "요즘 너무 열심히 일해서 좀 짜증나는데 하려면 혼자 하든지……." 등의 이야기를 듣곤 한다.

'한 번 사는 인생, 나답게 살아가자.' 이렇게 단순하지만 명료한 확신을 가지고 나아가려는 당신의 발을 잡아당기려는 사람들이 있을 것이다. 그런데 사실 이들 또한 마음 깊은 곳에는 자신도 당신처럼 빛나고 싶다고 욕구가 잠재되어 있다(너무 마음속 깊은 곳이어서 본인조차 자각하지 못하는 경우도 있다).

그러나 자신은 그렇지 못하고 있기에 부러움과 질투를 느낀다. 당신은 성장하고 나아가는데 자신만 남겨지면 외로우니까 발목을 잡아당기려는 것이다. 이들은 당신이 실패하는 모습을 보고 "역시 내가 맞았어."라고 생각하며 스스로에게 변하지 않아도 되는 정당한 이유(변명)를 대지만, 정작 자신은 이러한 사실을 전혀 깨닫지 못한다. 혹은 당신을 너무 소중하게 생각한 나머지, 당신이 도전에 실패해 불행해질 것이 걱정되어 말리는 사람도 있다.

이럴 때는 '나는 정말 어떻게 하고 싶은가?'라는 마음속 목소리에 솔직하게 따르는 것이 중요하다. 자신의 다이아몬드의 소중함을 깨닫고, 그것을 발전시키기 위해 노력하는 당신은 현시점에서는 소수의 편에 속할 것이다. 당신의 변화에 공감하고 찬성해주는 사람은 그리 많지 않을뿐더러, 그런 상황에서 자신의 다이아몬드에 따라 살아가려는 것을 주위 사람들이 방해까지 한다고 생각해보자. 결코 쉽지 않은 길이 될 것이다.

그런 순간에는 이 두 가지를 기억해보자.

첫째, 당신 주위에는 당신이 가진 다이아몬드의 광채를 알아보고 지켜보는 누군가가 반드시 있다는 사실이다. 그런 사람 중에는 당신처럼 빛나고 싶다고 생각하는 사람도 있고, 당신의 존재방식이나 삶의 방식에 공감해 '도와주고 싶다, 함께 하고 싶다.'라고 생각하는 사람도 있다. 가능한 한 빨리 그런 사람들을 찾아내어 각자가 이상으로 삼는 인생이나 꿈, 생각을 나누도록 하자.

둘째, 당신에게는 이미 많은 동료가 있다는 사실이다. 주위에서 당장 눈에 띄지 않을지는 모르나, 둘러보면 자신의 다이아몬드를 찾아 그것을 따르는 삶을 선택한 사람은 많다. 그리고 그러한 이들은 하루하루 늘어가고 있다. 이를 잊지 않길 바란다.

중요한 것은 동료의 존재다. 좋은 동료는 든든한 자양분이 된다. 이 좋은 환경 속에서 자신의 다이아몬드의 싹을 틔우고 더욱 반짝이게 세공할 수 있다. 자, 그럼 지금부터 자신의 다이아몬드를 찾아가기 위한 20가지 질문을 본격적으로 만나보자.

질문 1 • 질문 2

자신의 다이아몬드를
찾는 목적을 명확히 한다

현재를 출발점 삼아
미래에 관한 이야기를 만들면 행동할 수 있다.

질문 1과 2는 앞으로 우리가 20가지 질문을 풀어 나가는 데 매우 중요하다. 질문 1은 우리의 '각오'를 명확하게 만들어준 다. 여기서 말하는 각오란, 자신의 다이아몬드를 반드시 발견 할 것이라는 의지를 지지해주는 힘이다. 이 각오가 없으면 나 에게 딱 맞는 자신의 다이아몬드를 찾을 수 없다.

자신의 다이아몬드를 찾기 위해서는 질문 1과 2에 답할 때 '내 마음속 깊은 곳에 있는 생각'에 더 가까이 접근해야 한다. 거창하게 말했지만 사실 방법은 간단하다. 질문에 대한 답변에 세 번 이상 더 질문하는 것이다. 다음 예를 보자.

> **질문 1** 나는 왜 자신의 다이아몬드를 찾고 싶은 걸까?
> **답변** 자신의 축을 찾아 흔들림 없는 강한 내가 되고 싶기 때문이다.

여기서 한 걸음 더 깊이 들어가 답변을 보다 명확하게 만들 어 나간다.

1 '흔들리는 나'는 어떠한 나인가?
자신감이 없어 다른 사람의 의견에 휘둘리고 마는 나.
실패가 두려워서 하고 싶은 일도 시작하지 못하는 나.
싫은 것을 싫다고 말하지 못하는 나.

2 '흔들리는 나'는 어떤 때에 나타나는가?
회사 상사와 이야기할 때.
하고 싶은 일이 있지만, 그것에 도전했다가 나중에 일어날 부정적
인 일이 떠오를 때.

3 왜 흔들림 없는 내가 되고 싶은가?
다른 사람의 의견에 휘둘리거나 내 의견을 제대로 말하지 못하는
것이 이제는 너무 힘들고 지친다. 그런 나에게서 탈피하고 싶다.
자신감을 찾고 하고 싶은 일에 대한 확고한 믿음을 가진다면, 하
루하루를 활기차고 의욕적으로 생활할 수 있을 거란 기대감이
든다.

어떤가? 질문이 거듭될수록 처음보다 구체적이고 명확한 답
변이 도출된다는 사실을 알 수 있다. 이렇게 세부적인 물음에
답하는 것을 통해, 지금 인생에 변화를 주어야만 하는 여러 이

유를 좀 더 명료하게 알아가게 된다. 그리고 이 생각의 깊이가 자신의 다이아몬드를 찾기 위한 각오가 된다. 이 각오가 굳건할수록 하나하나의 질문을 진지하게 마주하게 되고, 그로써 선명하게 와닿는 자신의 다이아몬드를 찾아낼 수 있을 것이다.

질문 2는 '목적'을 다시 한 번 확인시켜준다. 자신의 다이아몬드를 찾고 싶은 이유는 이상적인 인생을 손에 넣기 위해서다. 오직 나만이 가능한, 내 마음속 깊이 만족할 수 있는 인생 말이다. 이를 위해서는 삶의 축이 되는 자신의 다이아몬드를 반드시 찾아내야 한다. 질문 2도 질문 1과 마찬가지로 답변에 대해 세 번 이상 더 질문해보자.

질문 2 자신의 다이아몬드를 찾아 앞으로 어떤 인생을 보내고 싶은가?
답변 일적인 부분에서 리더가 되어, 많은 동료들과 함께 성장하는 조직을 이루고 싶다.

여기서도 한 걸음 더 들어가 보자.

1 내가 생각하는 좋은 리더는 어떤 리더인가?

조직이 나아가야 할 방향성에 대해 확신을 가지고 제안하며, 공정하고 합리적인 방식으로 동료들을 이끌어 나가는 리더.

2 많은 동료란 대략 몇 명 정도인가?

30명.

3 구체적으로 동료들과 어떻게 성장해 나가고 싶은가?

의견이나 생각을 거리낌 없이 표현할 수 있는 수평적 관계를 구축해 유대감을 강화하고, 동료의 성장을 진심으로 응원해줄 수 있는 신뢰의 관계를 이루어 나가고 싶다. 결과적으로 이것이 회사의 발전으로 이어질 것이다.

4 이것이 실현된 후에는 또 어떤 일이 가능할까?

동료들이 더 늘어나고, 사원 모두가 즐겁게 일하는 규모 있는 회사를 만들어 나가고 싶다.

5 이것이 실현된다면 어떤 기분이 들까?

의욕이 더욱 커지고, 두근두근하고 충만한 느낌이 가득할 것 같다.

어떤가? 한층 더 깊이 들어간 느낌이 드는가?

또한 20가지 질문 중에는 과거를 되돌아보는 질문도 포함되어 있다. 과거를 돌이켜보는 과정을 수행하다 보면 힘든 기억이 되살아나 슬퍼지거나, 불쾌할 정도로 기분이 가라앉을 수 있다. 그럴 때 역시 이것은 '이상적인 인생을 손에 넣기 위한 하나의 과정'이라는 사실을 명심하고, 가능한 한 긍정적으로 받아들이도록 노력해보자. 자신의 다이아몬드를 발견하겠다는 목적을 잊지 않는다면 기대 이상의 결과를 맞이할 수 있을 것이다.

이러한 과정을 수행할 때의 포인트는 다음과 같다.

- 순간순간 머릿속에 떠오른 단어를 많이 적는다.
- 구체적인 내용을 더해 문장을 만든다.
  (숫자를 넣으면 더 좋다. 예 매출을 늘리고 싶다 → 매출을 1000만 원 늘리고 싶다).
- 머리에 떠오른 이미지를 그림으로 그린다.
- 사진을 오려 붙인다(콜라주).

어떤 방법이든 상관없다. 자신이 실행하기 쉬운 방법으로 질문에 답해보자.

왜 자신의 다이아몬드를 찾고 싶은가?

그 이유를 오른쪽의 답변란에 적는다.
앞에서 소개한 요령을 참고해 보다 구체적으로 적어보자.

답변 예

• 자신감이 부족해 다른 사람의 의견에 잘 휘둘리고 만다. 하고 싶은 일이 있어도 나중에 혹시 일어날지도 모를 부정적인 상황을 떠올리며, 실패할까 두려워 시작할 용기를 내기가 어렵다. 또 회사 상사 앞에서는 싫어도 싫다고 말하지 못한다. 이런 나를 자각할 때마다 많이 힘들고 지친다. 이런 모습에서 벗어나 내 의견을 분명하고 당당하게 이야기할 수 있었으면 좋겠다. 그리고 과감하게 하고 싶은 일을 하며 하루하루를 생동감 있게 살아가고 싶다.

답변란

자신의 다이아몬드를 찾아내어
앞으로 어떤 인생을 보내고 싶은가?

내가 생각하는 이상적인 인생 풍경을 적어본다.

답변 예 1

• 조직이 나아가야 할 방향성을 확신을 가지고 제시하고, 내가 옳다고 생각하는 바람직한 방식으로 동료들을 이끌어 나가는 리더로 살고 싶다. 약 30명 정도의 동료들과 함께 무엇이든 자유롭게 의견을 나눌 수 있는 관계를 구축하고, 동료의 성장을 서로 응원하며 함께 성장해 나가고 싶다. 그리고 최종적으로는 그런 동료들이 300명 정도 모인 조직을 만들어 모두가 즐겁게 일할 수 있는 회사를 꾸려 나가고 싶다.

답변 예 2

• 진심으로 존경하고 사랑할 수 있는 인생의 동반자를 만나 결혼하고 싶다. 각자 좋아하는 일을 하되, 서로의 꿈을 응원해주는 가장 큰 조력자로서 관계를 맺는다면 내 삶과 그의 삶 모두를 충만하게 만들 수 있을 것이다. 아이는 두 명 정도 낳아 웃음이 끊이지 않는 가정을 꾸리고 싶다. 그리고 나의 취미이자 특기를 살려, 집에서 미술 교실을 열어 학생들에게 그림을 가르치며 작품 활동을 하고 싶다.

답변란

지금 자신을
불안하게 만드는 것이
무엇인지 생각해보자

막연한 불안감의 정체를 알면
불안감은 조금씩 줄어든다.

여러분이 이 책을 손에 든 이유는, 현재의 삶이 '나답지 않은 삶'이라고 느끼기 때문일 것이다. 도대체 무엇이 그렇게 만드는 것일까? 무엇이 '나다움'을 방해하는 것일까? 그 열쇠는 '내가 싫어하는 나의 모습'이 쥐고 있다.

"나의 이런 점이 싫다.", "나의 이런 점이 한심하다."

이러한 마음이 불안감을 부추긴다.

"화내고 싶지 않은데 사소한 일에 금세 욱하곤 해요.", "사실 동료에게 협조를 구하고 싶은데 그럴 수가 없어요.", "돈에 연연하며 살고 싶지 않은데 계속 신경이 쓰여요." 사실은 이렇게 살고 싶은데 그와 정반대의 인생을 살고 있는 자신에게 불안감을 느끼는 것이다. 불안감은 크기나 형태를 모르기 때문에 무섭다. 언제 어디서 습격해 올지 모르기 때문에 몸도, 마음도 지치고 만다.

그렇다면 '싫은 나', '한심한 나'와 마주하여 그 불안감을 확실히 눈에 보이는 형태로 만들어 버리자.

"나의 이런 점이 싫다. 이런 점이 한심하다."

"나의 이런 점이 좋다. 이런 점이 훌륭하다."

이 둘은 표리일체의 관계다. 싫은 부분을 알면 그 반대 선상에 있는 좋은 부분이 보인다. 이러한 과정을 통해 자신의 다이아몬드를 발견하는 중요한 단서를 얻을 수 있다.

자신의 성격 중 스스로 생각해도 싫은 점, 한심하다고 여겨지는 점은 무엇인가?

오른쪽에 자신의 싫은 점, 한심한 점을 몇 가지 적어보자. 그중에서 특히 '나다운 삶'을 방해한다고 생각되는 부분에는 동그라미를 쳐보자. 체크하는 항목이 여러 개여도 상관없다.

답변 예

- 자발적으로 행동하지 않는다.
- 남이 나를 어떻게 보는지에 대해 예민하다.
- 다른 사람의 권유를 거절하지 못한다.
- 내 의견이나 아이디어를 당당히 표현하지 못한다.
- 메일에 대한 상대의 회신이 늦어지면 불안하다.

무슨 일을 계기로
자신이 이렇게 되었다고 생각하는가?

질문 3에서 동그라미 친 부분에 대해 자세히 생각해보자. "그러고 보니 그때 그 일이 있은 후부터 이렇게 되었어! 이런 성격을 가지게 되었어!"라고 생각되는 계기는 없는가?

답변 예 1

• 중학생 때 야구부 주장으로서 최선을 다했는데 목표로 삼았던 대회 우승을 놓치고 말았다. 분한 마음에 눈물이 멈추질 않았는데, 다른 사람에게 비웃음을 당했다. 그 후로 열심히 전력을 다하는 일은 부끄러운 일이라고 생각하게 되었다.

답변 예 2

• 초등학교 때 친했던 친구가 나를 괴롭히는 무리와 친해지더니 덩달아 나를 괴롭히기 시작했다. 얼마나 사이가 좋았는데……. 배신당한 느낌이 들었다. 그 후로 남을 잘 믿지 못하게 되었다.

답변란

자신의 삶을
괴롭게 만든 원인을
파악해보자

부모님이나 선생님 등 강한 영향력을 미치는 어른이
내 안에 잘못된 믿음을 만든다.

사람은 누구나 백지 상태로 태어난다. 물론 고유의 성향과 자질은 일정 부분 타고나는 것이 있지만, 상식이나 도덕과 같은 것은 철이 들고 성장해 나가는 과정에서 습득하게 된다. 그리고 우리가 배운 상식이나 도덕은 나와 가까운 주변의 어른들로부터 배운 것이다. 여기서 말하는 '가까운 어른'이란 부모나 조부모, 학교 선생님, 이웃의 어른들이다.

그러나 그들은 결코 완벽한 존재가 아니다. 그들도 틀릴 때가 있으며 상대방을 불쾌하게 만들 때도 있다. 설사 그들의 말이 옳은 경우라 할지라도 상대방의 도전 정신과 의지를 꺾어버리는 결과가 나올 때도 있다.

중요한 것은, 우리에게 강력한 영향을 미치고 우리의 성장 과정을 함께하며 가깝게 지내온 그들과의 관계에서 지금의 나를 괴롭게 만드는 원인을 찾아볼 수 있다는 점이다. 그 사람들의 '나쁜 점'이나 '보고 싶지 않은 점', '그들이 나에게 행했던 싫은 행동' 등은 나에게 매우 큰 영향을 미치고, 나다운 삶을 살기 힘들도록 만들었을 가능성이 크다.

어린 시절에 있었던 일이든, 지금 일어나고 있는 일이든 상관없다. 잠시 생각해보자.

아버지나 어머니 또는
가까이에서 나를 보살펴준 사람의 싫은 점,
보고 싶지 않은 부분은 무엇인가?
그리고 그 이유는 무엇인가?

부모님의 모습 중에서 보고 싶지 않은 부분, 잘못되었다고 느끼는 점을 적는다.
그 이유까지 간단히 적어보자.

답변 예

- 무조건 "하지 마."라며 반대하는 점.

  나를 '잘하는 게 없는 아이'라고 생각하는 것 같아 화가 난다.

- 아무렇지 않게 남의 흉을 보는 점.

  나까지 부정적인 기분이 든다.

- 아버지가 어머니에게 소리를 지르며 화를 내는 점.

  어머니의 힘든 얼굴을 보는 것이 마음 아프다.

- 항상 친구와 비교하는 점.

  인정받지 못하고, 사랑받지 못하는 것 같아 서럽고 외로웠다.

답변란

구체적으로 부모님의 어떤 모습이
슬프고, 싫고, 힘들고, 무서웠는가?
그들이 그런 행동을 했을 때
어떤 기분이 들었는가?

부모님에 대한 기억 중에서 싫었던 모습이나 행동을 구체적으로 몇 가지 적어보자.
그때 느꼈던 기분도 함께 적는다.

답변 예 1

• 초등학교 시절 음식점에서 주문한 요리가 나오지 않자 기다리다 지친 아
버지가 웨이터를 부르시더니 "아직도 안 된 거야?!" 하며 버럭 화를 내셨
다. 부끄러워서 참을 수가 없었다.

답변 예 2

• 유치원 때 부모님이 여동생만 장난감을 사 주시고 언니인 나는 사 주지
않으셨다. 나도 간절히 갖고 싶은 장난감을 말했는데…… . 부모님이 나를
사랑하지 않는다는 생각이 들었다. 너무 외로웠다.

답변란

미래로 나아가기 전에 지금까지의 인생을 잠시 되돌아보자

인생의 중요한 장면(분기점)을 깨달아
새로운 미래로 나아갈 힘을 얻을 수 있다.

질문 5와 6을 통해 '가까운 어른'과 관계된 부정적인 기억들을 되짚어 보았다. 여기서는 지금까지 살아온 인생을 꺾은선 그래프로 그려볼까 한다. 가로축은 나이, 세로축은 행복도를 나타낸다. 나는 몇 살 때, 어떤 일 때문에 행복했는가? 나는 몇 살 때, 어떤 일 때문에 좌절감을 느끼고 힘이 들었는가? '인생 그래프'를 그려보면 삶의 분기점이 보인다.

행복도는 주관적이어도 상관없다. 아주 슬픈 일이 있었을 때는 마이너스까지 내려가도 상관없다. 122쪽에 있는 좌표축에 점을 찍어보자. 이때 사건의 크고 작음뿐만 아니라 '감정이 얼마나 동요되었는가'를 중요하게 고려하면서 수치의 높낮이를 정하도록 하자.

예를 들어, 초등학교 3학년 때 딱 하루 동안 친구들에게 따돌림과 무시를 당한 일이 있었다고 하자. 이 때문에 마음의 상처를 받고, 이후 친구를 대하는 태도나 사귀는 방식이 바뀌었다면 이는 당사자에게 매우 '큰 사건'인 것이다. 혹은 중학교 2학년 때 미술 선생님께 "미술적인 감각이 있구나."라는 말을 들었다고 하자. 선생님이 무심코 건넨 작은 칭찬일지라도 그 한 마디가 너무나 기뻤다면 본인에게는 '큰 사건'인 것이다.

그럼 이제부터 인생 그래프를 그려보자. 그리고 '나다움'을 방해하는 과거 속 '장면'을 찾아보자.

지금까지의 내 인생은 어떻게 흘러왔나?
인생 그래프를 그려보자.

아래 그래프를 참고해 나만의 인생 그래프를 그려본다.
언제가 절정이었는가?
언제가 최악이었는가?
지금까지의 인생을 저 위에서 내려다보자.

답변 예

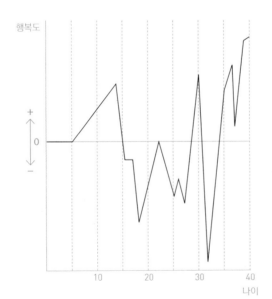

행복도

+

0

−

나이

지금까지의 인생에서
슬프고, 싫고, 힘들고, 무서웠던 일은 무엇인가?
그 이유도 적어보자.

앞에서 그린 인생 그래프를 보며 생각해보자. 기억 속 사건을 떠올리고
그 이유도 함께 몇 가지 적어본다. 질문 4, 6의 답변과 중복되어도 상관없다.

답변 예 1

• 초등학교 시절 친구와 사소한 일로 싸웠는데, 그 일을 계기로 반 친구들
이 단체로 나에게 말을 걸어주지 않았다. 누구 하나 내 편을 들어주지 않았
고, 외톨이가 되어서 외로웠다. 같이 잘 어울려 놀던 친구였는데 배신당한
기분이 들었다. 그 후로 남을 잘 믿지 못한다.

답변 예 2

• 신입사원 시절 상사에게 폭언과 괴롭힘을 당했다. 상사를 만날 때마다 몸
과 마음이 위축되었고, 마음속에서는 '도대체 내가 왜 이런 꼴을 당해야 하
는 거지!' 하는 분노와 억울함이 치밀어 올랐다. 한시라도 빨리 도망치고 싶
었다.

답변란

_____

_____

_____

_____

_____

_____

_____

_____

_____

_____

_____

_____

_____

_____

과거로 돌아가 다시 살 수 있다면 어느 시점으로 돌아갈 것인가? 그 이유는 무엇인가?

만약 타임머신이 있다면 인생 그래프 중 어디로 돌아가 어떻게 행동하고 싶은가? 그렇게 하고 싶은 이유도 함께 적어보자.

답변 예 1

• 누구의 시선도 신경 쓰지 않고, 느낀 대로 말하고 행동하던 초등학생 시절로 돌아가고 싶다. 그때는 사교적이고 활달한 성격이어서 친구도 많이 사귀었고 하루하루가 즐거웠다. 만약 그때의 모습이 지금까지 이어져 왔다면 좀 더 많은 사람들과 교류하며 인맥을 넓히고, 다양한 경험을 할 수 있는 해외에서 일했을지도 모른다.

답변 예 2

• 대학교 4학년 때로 돌아가고 싶다. 사실 A사에 취직하고 싶었는데 입사 시험에 떨어질까 두려워 무난한 B사를 선택했다. 만약 그때로 돌아간다면 현실과 타협하지 않고 A사에 들어갈 수 있도록 최선을 다해 준비하고 도전할 것이다.

답변란

다시 한 번 조용히
마음을 들여다본다

과거를 조용히 돌아보며
지금까지의 잘못된 믿음을 없애나간다.

우리는 인생 그래프를 통해 '다시 되돌아가고 싶은 삶의 순간'을 찾아냈다. 전에도 이처럼 자신의 인생을 내려다본 경험이 있는가? 어쩌면 처음이지 않은가?

많은 사람들이 과거의 힘든 사건 때문에 '그러니까 난 안 돼.'라며 잘못 생각하고 있을 가능성이 있다. 예를 들어 사랑하는 인생의 동반자와 헤어졌다고 하자. 그 일로 인해 '나는 누구도 필요로 하지 않는 존재야. 나를 원하는 사람은 없어.'라고 생각하는 사람이 있다. 또는 팀 프로젝트를 진행했는데 실패로 끝나고 말았다고 하자. 그 때문에 '나는 리더가 될 그릇이 아니야. 능력이 없어.'라고 생각하는 사람도 있다.

단언컨대, 그 모든 것은 그들 안에 있는 잘못된 믿음이 만들어낸 것이다. 사랑하는 인생의 동반자와 헤어진 일은 사실이지만, '그렇기 때문에 나는 누구도 필요로 하지 않는 존재'라는 생각은 자기 멋대로 만든 잘못된 믿음이며, 결코 사실이 아니다.

잘못된 믿음이란, 어떤 사건에 대해 스스로가 마음대로 부여한 의미다. 이것은 긍정적으로 작용하는 경우도 있고, 부정적으로 작용하는 경우도 있다. 위의 예는 잘못된 의미 부여로 인해 부정적인 결론을 도출한 경우다.

좀 더 자세히 들어가 보자. 일단 앞에서 예로 들었던 '나는 누구도 필요로 하지 않는 존재야.'라는 말을 소리 내어 읽어보자.

어떤 느낌이 드는가? 슬프고 외롭거나 우울한 기분, 고독한 감정이 느껴지지는 않은가? 혹은 마음이 술렁이고 초조하며, 답답하지는 않은가? 만약 그러하다면 이런 부정적인 감정이 이미 당신 마음속 깊은 곳에 고여 있기 때문인지도 모른다. 그러한 느낌이 내면에 뭉쳐 있기 때문에 찜찜함, 답답함에서 벗어나지 못하고 우울한 건지도 모른다. 이는 당신이 본래 지니고 있는 빛을 발하지 못하고 있음을 뜻하기도 한다.

많은 사람이 '부정적인 감정은 나쁜 것'이라는 잘못된 생각을 한다. 하지만 이런 감정은 결코 나쁜 것이 아니다. 그 기분을 깨닫는 일이 다이아몬드인 자신으로 돌아가기 위해 꼭 필요한 과정이기 때문이다. 다만, 지금까지 마음속 깊은 곳에 머물러 있던 기분이 금세 수면 위로 드러나는 사람이 있는가 하면, 그렇지 않은 사람도 있다. 아마도 오랜 과거의 일이어서 잊어버린 사람이 더 많을 것이다.

일단 과거의 경험을 통해 내 마음속에 어떤 감정이 정체되어 있는지 깨닫는 일부터 시작해보자. 그런 자신을 자각하는 것만으로도 마음이 한결 편해진다. 다음부터 나오는 질문에 답하면서 과거의 일을 떠올리고 그 감정을 깨달아가는 과정에서 눈물이 나거나 화가 나는 등 감정이 북받쳐 오르는 경우도 있을 것이다. 그 감정을 억누르지 않고 마음껏 표출할수록 마음은 후

련해지고, 본래의 빛을 더 빨리 되찾을 수 있다.

또한 질문에 답하는 과정에서 마음속 깊은 곳에 머물러 있던 감정을 깨닫지 못할지라도 걱정할 필요는 없다. 내 안에 정체되어 있는 감정을 깨달을 수 있는 나만의 순간이 있다. 일단 과거의 경험을 떠올리는 것만으로도, 자신에게 머물러 있던 감정을 깨닫는 계기를 마련할 수 있음을 기억하자.

우리가 자신의 다이아몬드로 살아가지 못하게 된 원인을 찾아가는 질문은 10, 11로 마무리된다. 자, 그럼 시작해보자.

앞의 질문으로 살펴본 자신의 성격 중 가장 못난 점, 한심한 점은 무엇인가? 그리고 과거의 어떤 사건이 그 계기가 되었다고 생각하는가?

질문 3을 다시 한 번 파고들어 가보자. 성격 면에서 특히 '난 한심해.'라고 생각되는 부분(혹은 그렇다고 잘못 믿고 있는 부분)과 그 원인이 된 사건을 적어본다.

답변 예 1

• 스스로의 판단에 따라 자발적으로 행동하지 못하는 점.

고등학교 시절 동아리에서 부장을 맡았었는데 부원들로부터 "네 방식은 따라갈 수가 없어."라는 말을 들은 이후로, 내 의견을 적극적으로 내는 것이 꺼려지고 자신이 없다.

답변 예 2

• 내 모습을 항상 남과 비교하는 점.

초등학교 시절 어머니는 "언니는 잘 하는데 넌 대체 왜 이러니?" 하며 학교 성적이 좋았던 언니와 나를 늘상 비교했다. 그 후로 '나는 잘하는 것이 없는 아이, 한심한 아이'라고 스스로를 생각하게 되었다.

그 사건에 대해
내 안의 어떤 감정 혹은 기분을
모른 척하며 살아왔는가?

질문 10에서 답한 사건 때문에 어떠한 '진짜 감정'을 억눌러 왔는가?
그 기분을 있는 그대로 적어보자.

답변 예 1

• 동아리 부장으로서 모두를 생각해서 한 행동인데 아무도 협조하지는 않
으면서 비판만 해댔다. 웃기시네! 그런 말할 거면 직접 해 보시던지!

답변 예 2

• 나도 나름 노력하는데 왜 인정해주지 않는 거야? 억울해, 슬퍼! 엄마가
싫어. 화가 나! 좀 더 나를 인정해 줘, 나를 제대로 좀 봐달라고!

답변란

어린 시절로 돌아가
자신의 다이아몬드의 씨앗을
모아보자

어린 시절의 빛나는 기억 속에
자신의 다이아몬드의 씨앗이 있다.

여기서부터는 자신의 다이아몬드를 채취하기 위한 키워드를 직접적으로 찾아나가는 질문이다. 진지한 자세로 대답해보자. 자신의 다이아몬드의 씨앗은 이미 우리 안에 있다. 지금까지 몇 번이고 해 온 말이다. 그렇다면 내면 어디에, 어떤 순간에 그 씨앗이 있는 걸까? 바로 어린 시절이다.

우리는 어른이 될수록 많은 일을 경험하고, 그를 통해 성장해 나간다. 하지만 아픔을 수반하는 일을 경험하고 싶지 않다는 무의식적인 생각 때문에 '나답게 살기를 포기하는 길'을 선택하기도 한다. 그러므로 그렇게 되기 전 순진무구했던 어린 시절로 거슬러 올라가 아무 제약 없이 생기 넘치게 빛나던 때를 떠올려보길 바란다.

어린 시절 꿈은 무엇이었나? 어린 시절 즐거웠던 추억은 무엇인가? 어린 시절 누구에게, 어떤 칭찬을 받았었는가? 기억을 차분히 불러와 하나씩 떠올려보자. 이것은 누군가에게 보여주기 위한 것이 아니다. 누군가에게 인정받기 위한 것도 아니다. 단순하고 솔직하게 그때의 기분을 적어보자. 이때 중요한 것은 '머리'가 아니라 '감정'을 따라 움직여야 한다는 점이다. 그 일을 떠올리면 마음이 찡하고 가슴이 뜨거워지고, 심장이 뛴다. 그런 감각을 맛보게 해준 과거의 장면 속에 자신의 다이아몬드를 찾을 수 있는 단서가 깃들어 있다.

어린 시절 꿈은 무엇이었는가?
왜 그 꿈을 이루고 싶었는가?

현실은 생각하지 않고 순수하게 꿈꾸었던 어린 시절의 바람.
그 속에 내가 진정 실현하고 싶은 가치가 있다. 솔직하게 글로 표현해보자.

답변 예 1

• 영웅이 되고 싶었다. 정의로운 영웅처럼 나도 악당들로부터 세상을 구하
고 싶어서.

답변 예 2

• 스케이트 선수가 꿈이었다. 새처럼 우아하고 빠르게 빙판을 가르는 선수
들의 모습이 너무도 자유로워 보였기 때문에.

답변란

어린 시절 유난히 기뻤던 기억은 무엇인가?
왜 기뻤는가?

어린 시절 기뻤던 기억 속에는 자신이 소중하게 생각한 가치가 가득하다.
기뻤던 이유까지 함께 써보자.

답변 예 1

• 축구 시합에서 우리 팀이 우승했다. 같은 목표를 바라보며 열심히 뛰어온
동료들과 기쁨을 나눌 수 있어 너무 행복했다.

답변 예 2

• 내가 그린 그림이 지역 경연대회에서 상을 받았다. 내 그림을 좋아해주는
누군가가 있다는 것이 설레었고, 나의 재능을 인정받은 것 같아 기뻤다.

어린 시절 누군가에게 칭찬받은 적이 있는가?
어떤 일로 칭찬받았는가?
또 어떤 말로 칭찬받았는가?

어린 시절 단순하게 '칭찬받았다. 인정받았다.'라고 느낀 일 중에도 큰 단서가 있다.
이를 글로 표현해보자.

답변 예

• 중학교 시절 축구팀 활동을 했었는데, 당시 축구 코치님이 "너에게는 팀
을 아우르는 힘이 있어. 네가 있어서 우리 팀이 전국 대회에 출전할 수 있
었던 거야. 고맙다."라고 칭찬해주셨다.

질문 15 • 질문 16

타인을 통해
자신의 다이아몬드의 씨앗을
모아보자

존경하는 사람에게 느끼는 매력,
이는 사실 자기 자신에게 내재한 매력이다.

어떤 사람을 존경하는가? 주변의 가까운 사람도 좋고, 알기는 하나 만난 적 없는 유명인도 괜찮다. 역사 속의 위인, 소설이나 영화, 만화 속 주인공이어도 좋다. 존경하는 인물을 머릿속에 떠올려보자. 그 사람의 어떤 점을 동경하고 존경하는가?

"항상 웃는 밝은 모습이 좋다."

"어려움에 굴하지 않고 끝까지 이겨내는 모습이 멋지다."

"달성하고자 하는 목표를 향해 무서운 집중력으로 도전하는 모습이 존경스럽다."

누군가를 동경하는 이유는 저마다 다양하겠지만, 분명한 것은 자신이 '가치 있다고 여기는 힘'을 지닌 사람에게 우리는 강하게 이끌린다는 점이다. 여기서 주목할 것은 그 힘에 관한 인식이다. 혹시 자신에게는 그런 힘이 전혀 없다고 생각하지는 않은가?

이는 완전히 잘못된 생각이다. 그 힘은 이미 당신에게 있다. 예를 들어 누군가의 '항상 웃는 얼굴'을 동경하는 당신 안에는 이미 '항상 웃고 있는' 당신이 있다는 말이다. 그렇기에 다른 이의 웃는 모습 얼마나 멋진지, 얼마나 좋은 기운을 전하는지 알수 있다. 즉 타인의 모습은 거울에 비친 자신의 모습이다. 타인의 훌륭함을 깨닫는다는 말은 자기 자신의 훌륭함을 깨닫는다는 말과도 같다.

존경하는 인물은 누구인가?

나와 가까운 사람, 역사의 위대한 인물, 소설이나 영화 속 등장인물이어도 괜찮다.
어떤 사람을 존경하는가? 여러 사람을 꼽아도 괜찮다.

답변 예

- 테레사 수녀님

- 중학교 시절 담임선생님

- 워렌 버핏

그 사람의 어떤 점을
동경하고 매력적으로 느끼는가?

그 사람의 어떤 모습을 존경하는지 잘 생각해보자. 질문 15에서 여러 인물을 꼽은 경우에는 그들 사이의 공통점을 생각해보는 것도 좋다.

답변 예

- 다른 사람의 행복을 바라고 누구에게나 헌신적인 점
- 평소에는 다정하고 부드러운 성격이지만, 불의의 상황에서는 냉철하고 강하게 맞서는 점
- 자신이 잘하는 것, 좋아하는 것에 엄청난 집중력과 타고난 재능을 발휘해 부와 성공을 일군 데다. "열정은 성공의 열쇠, 성공의 완성은 나눔이다."라는 자신의 신념에 따라 재산의 상당 부분을 사회에 환원한 점.

답변란

_____

_____

_____

_____

_____

_____

_____

_____

_____

_____

_____

_____

_____

_____

_____

_____

자신의 다이아몬드를
빛냄으로써
이루고 싶은 인생을 상상해보자

지금까지의 상식에 얽매이지 말고
자유롭게 상상해보자.

당신은 지금까지 인생을 살아오면서 다양한 경험을 통해 '사실 이런 일을 해보고 싶은데……. 모두가 비웃겠지?', '사실 이렇게 말하고 싶은데, 주위 사람들에게 미움받으면 어떡하지?' 등 스스로를 제동하는 일에 익숙해져 버렸는지도 모른다. 하지만 지금쯤이면 이미 '나는 어떤 인간인가?', '나는 어떤 순간 빛나는가?'에 관해 상당히 구체적으로 감을 잡았을 것이다.

드디어 마지막 마무리 단계다. 이제부터는 마음속 브레이크를 완전히 풀어주길 바란다. 방법은 아주 간단하다. 겁낼 것 하나 없다.

'만약 아무런 제한이 없다면……'이라고 상상하기만 하면 된다. 나는 못하니까, 돈이 없으니까, 도와줄 사람이 없으니까, 거리가 머니까, 아무도 해 본 적 없으니까, 상상 속에서나 가능한 일이니까…… 등의 '제한'을 일체 고려하지 않는 것이다.

"아무런 제한도 없다면 자가용 비행기로 전 세계를 여행하고 싶다.", "아무런 제한도 없다면 유럽에 있는 고성(古城)의 주인이 되고 싶다.", "아무런 제한도 없다면 에베레스트 정상에서 젠가 게임을 해보고 싶다."

무엇이든 상관없다. 과감하게, 자유롭게, 즐겁게 상상해보자. 그리고 이를 통해 어떤 감정을 맛보고 싶은 것인지, 자신이 어떤 사람이라면 그것이 가능할지에 대해서도 생각해보자.

만약 아무런 제한 없이 원하는 것을 할 수 있다면 무엇을 할 것인가? 그 일을 통해 어떤 감정을 맛보고 싶은가? 어떤 모습의 나라면 그럴 수 있을까?

자유롭게, 조건 없이 생각해보자. 그리고 이를 위해 자신이 실제로 실천할 수 있는 모습(혹은 변화를 통해 가능한 모습)이라고 여겨지는 부분에는 동그라미를 쳐보자. 여러 개여도 상관없다.

답변 예 1

• 남쪽 섬에서 매일 햇볕을 받으면서 독서를 즐기며 살고 싶다. "아~ 이렇게 느긋하게 지낼 수 있다니 정말 최고야."라는 행복감을 느낄 수 있을 것이다. 직접 회사를 경영하고, 일을 완벽하게 처리하는 나라면 긴 휴가를 내어 떠남으로써 그런 생활이 가능할 것이다.

답변 예 2

• 취미인 미용과 관련된 일을 해서 내 가게를 차리고 싶다. 그럼으로써 성취감과 만족감을 느낄 수 있을 것이다. 중도에 포기하지 않고 계속해 나갈 수 있는 끈기를 가진 나라면 가능할 것이다.

자신의 다이아몬드가
빛나던 순간을 떠올려보자

누구에게나 자신의 다이아몬드가
빛나던 순간이 있다.

지금까지 우리 안에는 이미 다이아몬드의 씨앗이 있다고 거듭 강조해 왔다. 이와 함께 잊지 않았으면 하는 것이 하나 더 있다. 사실 우리 인생에는 지금까지 몇 번이고 자신의 다이아몬드가 반짝이던 순간이 있었다는 점이다.

자신의 다이아몬드가 빛나던 순간. 그것은 구름 속에서 때때로 태양이 얼굴을 내밀 듯 찰나의 순간이었을지도 모른다. 그래도 그 순간은 분명히 존재했다. 마음속에서 '내 인생 중 최고'라고 기억되는 사건, 일단 그때 일을 떠올려보자. 그때의 느낌을 되살려보자. '내 인생 중 최고의 순간이었다.'라는 감정을 느낀 장면과 공간. 그때 주위 사람들이 바라보던 시선을 떠올려보는 것이다.

이때가 당신 안에 있는 자신의 다이아몬드가 가장 밝게 빛나던 순간이다. 그 빛을 다시 한 번 찾으러 가자. 그리고 그 찬란함을 다시 경험해보자. 당신은 이미 빛나고 있었다. 새로운 일에 도전하는 것이 아니다. 그때의 자신을 되찾기만 하면 된다.

질문 18

과거를 되돌아봤을 때
가장 빛나던 때는 언제인가? 왜 빛났는가?
그때의 나는 어떤 사람이었는가?

'인생에서 가장 나답게 살았던 시간'을 떠올려보고, 그렇게 생각하는 이유를 적어보자. 또한 그때 자신의 모습이 어땠었는지도 자세히 적어보길 바란다. 그리고 그때의 모습을 묘사한 부분에는 동그라미를 쳐보자.

답변 예

• 중학교 시절 축구를 하던 때.

그때는 모두가 '꼭 전국 대회에 나가겠다!'라는 목표를 가지고 악착같이 연습했다. '전국 대회에 나가지 못할지도 몰라.' 따위의 불안감은 없었다. 전국 대회에 반드시 출전하고 말겠다는 목표를 향해 최선을 다해 끝까지 노력하던 때의 나는 정열적이었고 긍지로 가득 차 있었다.

주위 사람들의 눈에
그때의 나는 어떻게 빛나고 있었을까?

당시 주위 사람들은 나를 어떻게 바라보고, 나에 대해 어떻게 이야기했나?
구체적인 표현에는 동그라미를 쳐보자.

답변 예

• 열심히 노력하는 내 모습에 팀원들도 영향을 받아 의욕이 넘쳐흘렀다.
초지일관한 자세로 노력하는 나를 보며 주위 사람들은 신뢰할 수 있는 사람,
믿음직한 존재라고 이야기했다. 또 그런 나를 응원해주는 사람도 많았다.

자신의 다이아몬드를
글로 표현하고
소리 내어 말해보자

글로 써보고, 소리 내어 말했을 때 비로소
자신의 다이아몬드가 된다.

그럼 이제 각자 자신의 다이아몬드를 만들어보자. 나는 어떤 사람인가? ○○ 부분에 들어가는 말은 직함도, 성격의 일부를 나타내는 단어도 아니다. 더 강하고, 더 굵직한 말이다. 이것이 있으면 흔들리지 않고, 어떤 일이 있어도 자신으로서의 고유한 빛을 잃지 않을 수 있다. 내 몸속을 관통하는 하나의 축이 되는 말이다.

이 말을 입에 담으면 마음이 안정되면서도 뜨거워진다. 스스로를 격려하고 용기를 북돋울 수 있으며, 어떤 때라도 '나다움'을 되찾을 수 있다. 바로 그런 말이다.

지금까지의 질문을 통해 우리는 다양한 단서를 얻었다. 특히 질문 17과 18, 19에서 동그라미 친 부분은 자신의 다이아몬드를 만들어 나가는 데 핵심이 되는 단어다. 이제 드디어 자신의 다이아몬드를 대변하는 하나의 문장을 만들어볼 때가 되었다.

짧고 간단한 말이어도 좋고, 조금 길어도 상관없다. 입에 담았을 때 당신의 가슴에 확 와닿는 말. 그것이 바로 자신의 다이아몬드가 된다. 자신의 다이아몬드를 만드는 포인트는 일단 많이 적어보는 것이다. 예를 들어 이런 느낌이다.

'나는 용기 있는 남자입니다.'

'나는 유머 있는 남자입니다.'

'나는 한 번 마음먹은 일은 끝까지 해내는 남자입니다.'

자신이 생각해낸 말을 '나는 ○○한 남자(여자)입니다'의 형태로 쭉쭉 써 나가길 바란다. 그리고 그중에서 마음에 확 와닿는 말을 골라보자. 그래도 잘 모르겠다는 사람은 마음을 터놓고 지내는 사람이나 자신을 잘 아는 친구에게 "나는 어떤 사람인 것 같아?"라고 물어보는 것도 좋은 방법이다.

자, 드디어 20번째 질문에 들어갈 시간이다. 여기서 다시 한 번 기억했으면 하는 점이 있다.

> 자신의 다이아몬드는 글로 쓰는 것뿐 아니라
> 소리 내어 말했을 때 가슴에 확 와닿는 것이 중요하다.

예를 들어 '나는 정열적이고, 내 마음을 솔직하게 표현하는 남자(여자)입니다.'라는 자신의 다이아몬드가 만들어지기까지의 과정을 살펴보자.

처음에는 '나는 마음속에 뜨거운 것이 있고, 내 생각을 표현하는 남자입니다.'라는 자신의 다이아몬드를 만들었다고 하자. 글로 써봤을 때 무언가 확 와닿았다고 해도 여기서 끝내지 말고 이 문장을 적어도 세 번 이상 소리 내어 읽어본다.

- 나는 마음속에 뜨거운 것이 있고, 내 생각을 표현하는 남자입니다.
  → '마음속에 뜨거운 것'보다는 '정열적'이라는 말이 더 와닿지 않을까?

- 나는 정열적이며, 내 생각을 표현하는 남자입니다.
  → '내 생각'보다는 '내 마음을 솔직하게'라는 말이 더 와닿지 않을까?

- 나는 정열적이며, 내 마음을 솔직하게 표현하는 남자입니다.
  → 그래, 바로 이거야!

이렇게 소리 내어 말하며 자신의 다이아몬드를 만들어내는 것이 중요하다. 당신다운, 당신에게 꼭 맞는 다이아몬드를 반드시 찾길 바란다.

'나는 ○○한 남자(여자)입니다'라는 한 문장을 만들어보자.

글로 써보고, 소리 내어 말해봤을 때 확 와닿는다면 완성이다.

답변 예

- 나는 전력을 다해 맡은 일을 해내는 남자입니다.
- 나는 아낌없이 사랑을 주는 여자입니다.
- 나는 용기 있게 행동하는 여자입니다.
- 나는 정이 많은 남자입니다.
- 나는 열정적이며, 창의적으로 생각하는 남자입니다.
- 나는 웃으며, 즐기며 사는 여자입니다.
- 나는 내 생각을 있는 그대로 표현하는 여자입니다.
- 나는 굳은 심지와 인내심을 지닌 여자입니다.
- 나는 일관성 있게 행동하는 남자입니다.
- 나는 호기심을 가지고 인생을 즐기는 남자입니다.

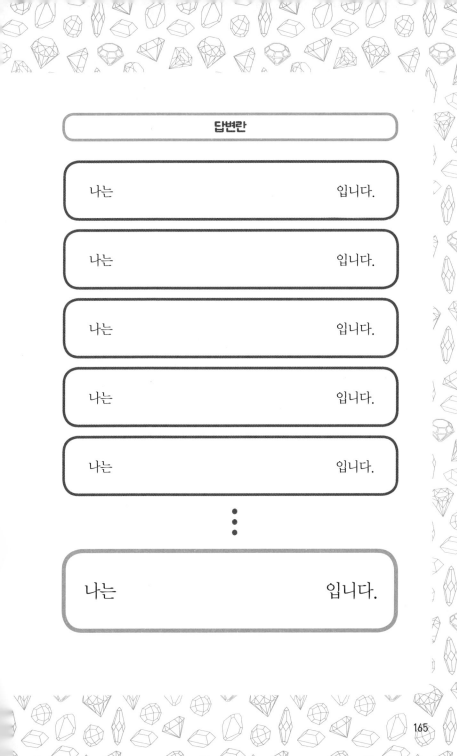

답변란

나는   입니다.

나는   입니다.

나는   입니다.

나는   입니다.

나는   입니다.

．
．
．

나는   입니다.

03

자신의 다이아몬드를 축으로
살아간다

자신의 다이아몬드는
발견한 후가 중요하다

20가지 질문을 통해 각자 자신의 다이아몬드를 캐냈을 것이다. PART 2를 마무리하면서, 일상 속에서 자신의 다이아몬드를 축으로 삼고 살아가기 위한 포인트를 기억해보자.

자신의 다이아몬드를 그저 발견하는 것으로 끝난다면 아무 의미가 없다. 일상생활에 변화가 일어나고 의미 있는 성과와 결실을 맺기 위해서는 '다이아몬드인 자신'으로서 매사를 생각하고 행동해 나가야 한다. 그렇게 하면 자신이 이상으로 삼는 현실에 다가갈 수 있다.

자, 그럼 어떻게 행동하면 좋을까? 그 단서는 '다이아몬드인 자신이라면…?'으로 시작하는 마음의 질문집에 있다. 이 질문집으로 도출된 대답이 앞으로 인생을 더 잘 살아가기 위한 행동의 지표가 될 것이다. 인간관계로 고민할 때, 곤란한 상황에 처했을 때, 예상치 못한 벽에 부딪혔을 때 등 어려운 순간을 맞이할 때마다 문제를 해결하고 위기를 벗어나도록 도와주는 이 정표가 될 것이라 확신한다.

'다이아몬드인 자신'으로 살아가기 위한 질문의 예를 아래와 같이 제시해 놓았으니 참고하기 바란다. 그리고 꼭 자기 나름의 생각으로 자신만의 고유한 질문집을 작성해 나가길 바란다. 그것은 앞으로 당신이 원하는 삶을 일구어 나가는 데 최고의 무기가 된다. 또한 당신 고유의 성공 방정식이 된다. 자신만의 질문을 많이 만들어 인생을 보다 풍요롭게, 그리고 주변의 사람들까지 행복하게 만들어보자.

질문 예

- 다이아몬드인 자신이라면 어떤 성과를 낼 수 있을까?
- 다이아몬드인 자신이라면 사실은 어떻게 말하고 싶을까?
- 다이아몬드인 자신이라면 어떤 인간관계를 맺을 수 있을까?
- 다이아몬드인 자신이라면 이 문제를 어떻게 해결할 수 있을까?
- 다이아몬드인 자신이라면 무엇을 하며 이 시간을 보낼까?
- 다이아몬드인 자신이라면 이 행동이 옳다고 생각할까?
- 다이아몬드인 자신이라면 이 선택을 후회하지 않을까?

- 다이아몬드인 자신이라면 바람직한 발언은 무엇일까?
- 다이아몬드인 자신이라면 어느 쪽을 선택할까, 아니면 모두를 고를 방법은 없을까?
- 다이아몬드인 자신이라면 어떻게 배우자와 소통할까?
- 다이아몬드인 자신이라면 지금 무엇에 감사할 수 있을까?'
- 다이아몬드인 자신이라면 오늘 하루 동안 무엇을 달성할 수 있을까?
- 다이아몬드인 자신이라면 동반자로서 어떤 사람이 어울릴까?
- 다이아몬드인 자신이라면 친구에게 어떤 조언을 해줄 수 있을까?
- 다이아몬드인 자신이라면 어디에 살고 있을까?
- 다이아몬드인 자신이라면 어느 정도의 연수입이 적당할까?
- 다이아몬드인 자신이라면 회사에 얼마만큼의 이익을 가져다줄 수 있을까?
- 다이아몬드인 자신이라면 어떤 인맥을 형성할 수 있을까?
- 다이아몬드인 자신이라면 어떤 회사를 만들 수 있을까?
- 다이아몬드인 자신이라면 어떤 이들을 도울 수 있을까?
- 다이아몬드인 자신이라면 이 세상에 어떤 기여를 할 수 있을까?

이번에 찾지 못한 사람도
포기하지 말자

20가지 질문에 모두 답하며 다이아몬드 찾기를 시도했음에도 자신의 다이아몬드를 찾지 못했거나, 찾긴 찾았는데 절실히 와닿지가 않는 사람도 있을 것이다.

"이렇게 했는데도 찾아내지 못하다니…… 나는 정말 안 되나 보다."라고 실망할지도 모르겠다. 하지만 절대 그렇지 않다. 금세 찾아내는 사람이 있는가 하면 좀처럼 찾지 못하는 사람도 당연히 있기 마련이다.

그러한 사람은 다음 세 가지를 시도해보길 바란다.

❶ 마음을 터놓고 이야기할 수 있는 사람에게 "내게는 어떤 장점이 있는 것 같아?" 하고 자신에 관해 물어본다.

❷ 작업 중에 나온 키워드, 예를 들어 '웃는 얼굴', '정열', '재미있음', '밝음' 등을 의식하며 생활해본다.

❸ 일상생활에서 마음이 충만해졌을 때의 나는 어떤 모습의 사람인지 메모해둔다.

스스로 포기하지 않는 한 반드시 자신의 다이아몬드를 발견할 수 있다. 아무쪼록 자신의 다이아몬드를 찾고 싶었던 초심을 잊지 말고, 당신 안에 있는 반짝반짝 빛나는 다이아몬드를 계속해서 찾아보길 바란다.

한편 자신의 다이아몬드를 찾긴 찾았는데, 왠지 확 와닿지 않는 사람은 이번에 발견한 자신의 다이아몬드가 아직 익숙하지 않기 때문일 수 있다. 이 경우에는 자신의 다이아몬드를 다시 만들지 말고, 우선 처음에 발견한 자신의 다이아몬드에 충실한 생활을 해보길 권한다. 익숙해지는 어느 순간, 전과 다른 느낌으로 선명하게 와닿을지 모른다.

173쪽부터는 실제로 자신의 다이아몬드를 찾아낸 사람들의 이야기를 소개한다. 이 사람들의 사례를 통해 자신의 다이아몬드를 만나기 위한 실마리를 얻거나, 자신의 다이아몬드를 찾은 후의 인생이 어떻게 변했는지 간접적으로 경험할 수 있을 것이다. 앞으로의 인생을 머릿속에 그려가며 하나하나 살펴보자.

6

가장 빛나는 다이아몬드는
나의 가장 '약한 부분'에 묻혀 있었다

9

PART 3

사례집

자신의 다이아몬드를
발견한 사람들

자신의 다이아몬드가 가져온 기적 같은 변화

자신을 소중히 대하는 것이 중요하다는 사실을 깨달은 사람.

하찮은 자존심을 내려놓고 솔직한 자신으로 돌아갈 수 있었던 사람.

자신의 축에 따라 생각하고 행동하는 인생으로 바뀐 사람.

스스로 걸었던 억압을 풀고 자유롭고 강인하게 살아가게 된 사람.

자신의 약함을 인정함으로써 용기 내어 도전할 수 있게 된 사람.

다른 사람의 잣대에 휘둘리지 않고 자신이 나아가야 할 길을 갈 수 있게 된 사람.

자신의 다이아몬드를 발견한 여섯 명의 실제 사례를 통해 경험해보자.

첫 번째 다이아몬드

나는 스스로를 믿으며
마음속에 사랑이 가득한
여자입니다

Y·Y(40대 여성)

BEFORE

저는 남편과 고등학생 딸, 중학생 아들과 함께 살고 있는 40대 여성입니다. 당시의(자신의 다이아몬드를 찾기 전의) 저는 정말 무슨 일을 해도 잘 되지 않았고, 어떻게 하면 좋을지 몰라 망연자실해 있었습니다. 열심히 하면 할수록 몸에 무리가 와 컨디션이 악화되기를 반복했습니다. 표정은 항상 어둡고, '이렇게 열심히 노력하는데 왜 아무도 알아주지 않는 거지?' 하는 원망에 사로잡혀 있었습니다. 남편도, 자식들도 내게 다가오려 하지 않았고, 늘 혼자인 느낌이었습니다.

몸 상태가 극도로 나빠졌을 때는 전철이나 버스조차 탈 수 없었습니다. 결국 공황장애라는 진단을 받았고, 행동 범위가 좁아져 밖으로 외출하는 일조차 힘들어졌습니다. 그리고 그런 나 자신을 '아무것도 못하는 쓸모없는 존재'라고 생각하게 되었습니다. 나약한 자신을 부정하면서 점점 더 자신감을 잃었고, 급기야 아무 행동도 하지 못하는 상황에 이르고 말았습니다.

(AFTER)

자신의 다이아몬드를 찾아가는 과정에서 '나와 연관된 모든 사람의 웃는 얼굴이 보고 싶어서, 웃게 만들고 싶어서 지금까지 안간힘을 쓰며 열심히 살아왔다.'라는 사실을 깨달았고, 내 자신을 인정할 수 있게 되었습니다.

그러자 그때까지 줄곧 마음속에 걸려 있던 답답한 느낌이 사라졌습니다. 또한 여태껏 '어차피 나 같은 건 아무도 이해해주지 않아. 무심해!' 하는 피해 의식과 열등감에 빠져 있었는데, 내 스스로 주위 사람들의 마음 씀씀이나 따뜻한 배려를 보려 하지 않고 외면해 온 것뿐이라는 사실을 깨달았습니다. 그러고 나니 "미안해요.", "고마워요."라고 나의 감정을 솔직하게 말할 수 있게 되었습니다.

남편이나 아이들에게도 "전철 타는 연습을 하고 싶으니 함께 가줄 수 있겠니?"라며 내 마음을 솔직하게 전하고 도움을 청할 수 있게 되었고, 그렇게 연습하다 보니 그동안 공황장애의 공포 때문에 타지 못했던 대중교통도 혼자 이용할 수 있게 되었습니다. 우리 가족의 취미였던 야구 경기 관람도 다시 시작하면서 함께 외출하는 일도 잦아졌습니다.

남편과 아이들에게 솔직한 내 감정을 전하자 우리 사이에 있었던 보이지 않던 벽이 사라졌고, 서로의 진심과 사랑을 온전히 나눌 수 있게 되었습니다.

지금도 매일 자신의 다이아몬드를 마음속에 되새기며 힘과 용기를 얻고 있습니다. 나를 믿고 아껴주는 가족과 주변 지인들에게 고마움과 사랑을 전할 수 있어 너무 행복합니다.

> **저자의 코멘트**
>
> '아무도 나 같은 건 이해해주지 않아!' 항상 주위 사람들 탓을 하며 혼자만의 공간을 만들어온 Y·Y씨. 하지만 많은 사람에게 사랑받고 있었다는 사실을 깨닫자 마음 깊은 곳에서부터 사랑과 감사의 마음이 넘쳐흘렀다고 한다. Y·Y씨가 열등감을 떨쳐 버리고 솔직한 마음을 표현하자 가족들과의 관계도 좋아졌다.

나는 용기 있게
진심을 전하는 남자입니다

T·A(30대 남성)

BEFORE

나는 아내와 초등학교 5학년인 아이가 있는 한 가정의 가장입니다. 아침 일찍부터 밤늦게까지 일하고, 휴일도 넉넉지 않다보니 몸과 마음에 여유가 없었습니다.

그렇지만 아내에게 항상 뭐든 잘하는 남편이고 싶고, 약한 모습은 보이고 싶지 않다는 고집이 있어서 애초에 아내의 부탁을 들어줄 수도 없고 해낼 의지도 없으면서 "당연히 할 수 있지. 문제없어."라고 대답했습니다. 또 아내의 의견에 동의하지도 않으면서 "그렇지!" 하며 맞장구를 쳤습니다.

하지만 말과 진짜 속마음이 일치하지 않으니 행동이나 결과가 제대로 뒤따르지 못했습니다. 말과 행동이 다른 나에게 아내는 점차 신뢰를 잃어가는 듯했습니다. 나는 본심을 이야기하거나 내가 무언가를 잘 하지 못한다는 사실이 들통나면 아내가 더 실망할까 두려워, 소통을 원하는 아내와의 대화를 피했습니다. 그런 한편, 아이가 숙제나 공부를 제대로 하지 않거나 집안일을 도와주지 않았다는 사실을 알게 되면 집에 돌아오자마자 입이 닳도록 설교를 하며 노심초사하기 일쑤였습니다.

이런 상황에서 나에게 집은 마음 편히 쉴 수 있는 공간이 아닌 거북하고 불안한 공간이 되었고, 가족 모두 지쳐 가고 있었습니다.

(AFTER)

자신의 다이아몬드를 발견한 후 있는 그대로의 나를 솔직하게 인정할 수 있게 되었습니다. 전에는 자존심 때문에 받아들일 수 없었던 아내의 말을 순수하게 받아들일 수 있게 되었고, 덕분에 우리 가정의 문제점을 직접적으로 마주하고 개선책도 함께 찾아나갈 수 있었습니다. 아이에게도 못한다고 무턱대고 화를 내는 것이 아니라, 아이 눈에 비치는 내 모습이 어떨지 먼저 돌아보았습니다. 그리고 아이를 '나'라고 생각하고 마치 나 자신을 타이르듯 부드럽고 차분하게 이야기할 수 있게 되었습니다.

진심 어린 마음으로 대화를 나누고 나니, 자연히 서로 간의 관계도 훨씬 좋아졌고, 긴장과 초조함으로 가득했던 내 마음도 평온해졌습니다. 가족과 더 많은 시간을 보내고 싶은 생각에 빨리 일을 마치고 귀가하고, 그때까지 쓰지 않았던 연차를 내어 여행을 떠나는 등 가족과 행복한 추억을 만들 수 있게 되었습니다.

전반적으로 스트레스가 줄고 마음의 여유가 생기면서 일의 능률이 월등히 높아진 것도 기뻤습니다. '가정에 충실해야 일도 충실해진다. 일에 충실해야 가정도 충실해진다.'라는 사실을 체감한 순간이었습니다. 덕분에 매일매일 기분 좋은 활력을 느끼며, 회사에서도 가정에서도 만족스러운 하루하루를 보내고 있습니다.

> **저자의 코멘트**
>
> 사소한 자존심 때문에 가족을 실망시키고 자신을 괴롭혀 왔던 T·A씨. 줄곧 손에 쥐고 놓지 않았던 자존심을 손에서 내려놓자 아내와의 관계가 회복되고, 가족과 보내는 시간이 비교할 수 없을 만큼 행복해졌다.

나는 책임감이 강하며
도전을 즐기는 남자입니다

H·K(30대 남성)

BEFORE

모 IT 기업에 입사한 이래 바쁜 일상에 쫓기면서도 일에서는 나름의 입지를 다지고 성취감을 느끼며 주말, 밤낮을 가리지 않고 열심히 일해 왔습니다. 하지만 6년 정도 지난 무렵부터 갑자기 몸과 마음이 불안정해지기 시작했습니다. 넘쳐흐르던 자신감과 의욕이 갑자기 사라지며 매일 스트레스 속에서 일해야 했습니다.

'왜 이렇게 된 거지? 이러지 않았었잖아…….'

그리고 남에게 미움받거나 욕먹는 것이 두려워 최대한 내 의견을 자제하고 하고 싶은 일도 꾹 참으며, 주위 사람들의 시선을 의식하며 지내온 것이 그 화근이라는 사실을 깨달았습니다.

그런 상태에서 벗어나기 위한 방법을 찾아 시도해봤지만 변화는 쉽지 않았고, 오히려 조바심과 불안함이 더해져 상태는 더욱 악화되어 갔습니다. 정말 어떻게 하면 좋을지 알 수 없었습니다.

(AFTER)

슬럼프를 극복하기 위해 자신의 다이아몬드를 찾아가던 중 나처럼 자신의 다이아몬드를 찾아가는 동료들로부터 도움을 받을 수 있었습니다. 덕분에 모두가 나와 비슷한 고민을 안고 괴로워하고 있다는 사실을 알게 되었습니다. 나 혼자만 그런 것이 아니었다는 생각에 마음이 조금 편해졌고, 지금까지 내가 다른 사람을 얼마나 표면적으로만 파악해 왔는지도 느낄 수 있었습니다.

지금까지 적대적으로만 여겨졌던 사람에 대해서도 그 사람의 본모습이나 진의를 내가 잘못 이해하고 있었음을 깨달았고, 많은 사람들을 한결 객관적으로 바라볼 수 있게 되었습니다. 그러자 타인에 대한 공포감이 줄어들면서 상대방이 나를 어떻게 생각하는지 계산하지 않고 정말 하고 싶은 말이나 행동을 할 수 있게 되었습니다.

그 결과 일을 할 때 주위 사람의 도움도 흔쾌히 받아들일 수 있었습니다. 덕분에 자신의 다이아몬드를 발견한 분기에는 당초 달성 전망이 80%였던 매출을 무사히 100% 달성할 수 있었습니다. 지금은 슬럼프를 말끔히 벗어나 더욱 활력 넘치는 생활을 하고 있으며, 또 다른 도전을 준비하고 있습니다.

저자의 코멘트

잘 풀리지 않는 인간관계나 일은 다른 사람 탓이 아니라 모두 '자신이 만들어낸 것'이라고 생각할 수 있게 되었다는 H · K씨. 다른 사람의 축으로 생각하고 행동하던 인생에서 자신의 축으로 생각하고 행동하는 인생으로 바뀌었다고 한다.

나는 호기심이 왕성하며
강한 의지를 지닌 여자입니다

Y · A(50대 여성)

BEFORE

20년 전 두 번의 큰 수술로 대장의 대부분을 절제한 후 46kg 이었던 몸무게가 36kg까지 줄었습니다. 쇠약해질 대로 쇠약해진 상태로 체력까지 뚝 떨어지고 말았습니다. 퇴원한 후로도 남들과 같은 생활을 보낼 수 있기까지 약 10년이라는 세월이 걸렸습니다.

결혼 직전에 한 입원과 수술이었기에 남편에게 많은 걱정을 끼쳤습니다. 매일 병원에 찾아와 주는 남편이 있어 비관하지 않고 행복하게 살 수 있었습니다. 그렇지만 그만큼 그 마음에 보답하고, 남편에게 더 이상 짐이 되지 않으려면 하루라도 빨리 건강해져야겠다고 생각했고, 그 결과 나도 모르는 사이에 내 행동을 과도하게 제한하기 시작했습니다.

'밖에 나가 돌아다니면 피곤해지니 무리하지 말자. 피곤해서 아침에 못 일어나면 집안일도 못하고 남편의 일도 도와줄 수 없어. 그럼 남편에게 피해가 가.'

이렇듯 무의식중에 내 인생을 꽁꽁 얽어매고, 또 다른 병을 만들고 있다는 사실을 깨닫지 못했습니다.

(AFTER)

자신의 다이아몬드를 발견하자 나를 지키기 위해서, 또는 남편에게 피해를 주지 않기 위해서라는 명목 아래 무의식중에 걸었던 억압을 풀 수 있었습니다. 마음도 한결 가벼워져 나답게, 자유롭게 행동하던 때의 나를 떠올릴 수 있었습니다.

이를 계기로 지금까지 불가능하다고 여겼던 먼 곳으로도 여행을 떠날 수 있게 되었습니다. 덕분에 점차 혼자 행동할 수 있는 범위가 넓어졌습니다. 남편만을 생각하며 다른 생활은 멀리했던 내가 내심 걱정스러웠던 남편 또한, 활동적이고 적극적으로 변화하는 내 모습을 보며 진심으로 기뻐하고 격려해주었습니다.

지금은 일본 전통문화의 좋은 점을 많은 사람에게 알리기 위해 활동하고 있습니다. 자신의 다이아몬드를 발견하기 전까지

나의 세상은 오로지 나와 남편만이 존재하는 좁은 세상이었다면, 지금은 수많은 사람들과 교류하며 삶의 또 다른 기쁨을 경험하는 넓은 세상으로 확대되었습니다.

저자의 코멘트

큰 병에 걸려 행동 범위가 좁아져버린 Y·A씨. 사랑하는 사람에게 피해를 주고 싶지 않은 마음에 자신의 삶을 필요 이상으로 억압했다는 사실을 깨닫고, 지금은 활동 범위를 넓혀가며 자유로운 인생을 살아가고 있다.

나는 항상
각오가 되어 있는 남자입니다

H · U(30대 남성)

BEFORE

당시의 나는 자신감이 부족해서 고객에게 내 상품을 당당하게 권할 수 없었습니다. 이를 해결하고자 매출과 판촉 기술 향상을 위한 여러 세미나에 참가하고, 그곳에서 배운 내용을 직접 실천해 보기도 했습니다.

하지만 교과서적인 고객 응대 규정에만 의지하다 보니 '나다운 영업 방식'이 점점 사라져 갔습니다. 게다가 규정을 너무 의식한 나머지 즐겁게 대화를 나눌 수 없게 되었고, 고객과의 만남 자체가 고통스럽게 여겨지기 시작했습니다. '지금 이대로라면 영업 업무는 불가능해. 일을 그만둘 수밖에 없어.' 이런 생각을 하며 힘든 하루하루를 보냈습니다.

그런 나 자신이 너무 한심하고 싫었습니다. 고객에게 좋은 평가를 받아도 '나는 한심한 인간이야. 더 분발해야 해.' 하며 스스로를 채찍질하고 궁지로 몰아넣으며 괴롭혔습니다. 결국 그렇게 노력했는데도 매출은 점점 떨어져 사상 최저 금액을 기록하고 말았습니다.

(AFTER)

자신의 다이아몬드를 찾아가는 과정에서 스스로 인정하지 못했던 내 약한 부분을 인정할 수 있게 되었습니다. '완전 겁쟁이에 남의 시선만 의식하고, 실패가 두려워 행동하지 못하고, 알지도 못하면서 아는 척하고, 못 하는 일인데도 못 한다고 말도 못 하고, 허세만 부리고……' 이것이 바로 나의 약한 부분이었습니다.

내 안 어딘가에 그런 모습이 있음에도 '그건 내가 아니야.' 하며 지금까지 못 본 척해 왔다는 사실을 깨달았습니다. 나의 약한 부분을 보지 못하게 된 원인을 알게 되자 내 약함도, 무력함도 모두 나라고 받아들일 수 있게 되었습니다.

그러자 마음이 보내는 신호를 깨달을 수 있었습니다. 예를 들어 '지금 내가 겁내고 있구나.' 하며 솔직하게 받아들일 수 있게 되었습니다. 그리고 그런 내 마음과 대화를 나눌 수 있었습니다. '무서운 건 알겠는데 이대로 도망쳐도 되겠어? 무섭지만 한 번 해 볼까? 그래, 무섭겠지. 하지만 무서워도 좋으니 한 번 해 보자!' 마음속에서 이런 대화를 나누며 한 발 한 발 내디딜 수 있는 용기를 냈습니다.

솔직히 지금도 두려움은 있습니다. 하지만 몇 번이고 도전하다 보니, 처음에는 무서워서 꼼짝할 수도 없었던 예전과 비교해 확연히 변화하고 있는 나 자신을 느낄 수 있습니다.

서툴기만 했던 고객 응대 방식도 변했습니다. 이제는 당당히 내 상품을 손님에게 권유할 수 있습니다. 확답을 줄 수 없는 부분은 솔직히 이야기하며, 함께 목표를 달성하기 위한 파트너십을 구축할 수 있게 되었습니다. 그것이 고객에게 더욱 신뢰를 줄 수 있다는 사실도 깨달았습니다. 그 결과 매출도 순식간에 회복되었고 과거에는 상상도 할 수 없었던 좋은 성과를 올리고 있습니다.

> **저자의 코멘트**
>
> 자신의 약한 부분을 외면하며 살아온 H · U씨. '무서워도 한 번 해 보자.'라며 약한 자신을 인정하면서 한 발 내딛는다. 이것이 바로 H · U씨가 머릿속에 그린 '각오'의 모습이다.

나는 신념이 있고 사려 깊으며
끈기로 무장한 남자입니다

T·I(30대 남성)

BEFORE

나는 어머니가 경영하는 음식점에서 점장으로 일하고 있습니다. 가게를 시작한 지도 12년째에 접어들어 경영도 안정되고, 직원들도 잘 만나 순탄한 삶을 보내고 있었습니다. 일도 있고, 월급도 남들만큼 받고, 가족도 건강하고, 결혼도 했고……. 자신의 다이아몬드를 깨닫기 전까지는 솔직히 불안요소 따위 아무것도 없었습니다. '내 인생은 이걸로 충분해.'라고 생각했습니다.

나보다 먼저 자신의 다이아몬드를 찾은 아내가 "당신, 자신의 다이아몬드라고 알아? 당신도 한 번 찾아 봐." 하며 권유했을 때에도 진심으로 '그런 거 안 찾아도 되는데…….'라고 생각했습니다.

그러던 어느 날이었습니다. 가게의 신메뉴 개발에 관해 어머니와 이야기를 나누고 있는데, 어머니가 하는 말을 그저 묵묵히 듣고만 있는 나를 본 아내가 "당신의 진짜 생각이나 느낌을 어머님께 말씀드리는 게 어때?" 하며 물어왔습니다.

그때 내 마음속에 '진짜 마음을 전한다는 게 뭘까?' 하는 의문 하나가 떠올랐습니다. 문득 고등학교를 결정할 때도, 대학을 결정할 때도, 취직할 때도, 지금 일을 하겠다고 결심했을 때도 내 감정이나 생각이 아니라 '부모님의 의중'을 우선시했다는 사실을 깨달았습니다. 항상 부모님 안색을 살피며 사는 나.

'그렇다면 진정한 자신이란 도대체 어떤 것일까?'

그래서 그 의문에 대한 답을 찾기 시작했습니다.

(AFTER)

자신의 다이아몬드를 발견한 후로 내 마음과 생각을 잘 표현하고, 다른 사람의 의견에도 더욱 세심하게 귀 기울일 수 있게 되었습니다.

또 자신의 다이아몬드를 발견하는 질문을 통해 무의식중에 어머니를 '사장'이 아닌 '어머니'로 봐왔다는 사실을 깨달았습니다. 게다가 예전부터 내가 하는 일마다 부정적이었던 어머니를 향해 마음속 깊은 곳에 '나 좀 인정해 달라'는 감정이 있었다는 사실도 깨달을 수 있었습니다. 이러한 과정을 통해 내 생각이나 마음을 표현하지 못하게 된 이유를 알 수 있어 속이 후련해졌습니다.

"언제까지 어린아이 같은 소리 하고 있을 거야? 어머니에게 의존한 건 당신이잖아? 이제 어른이 되었으니 당신이 하고 싶은 일을 하는 게 어때?"

자신의 다이아몬드를 이미 발견한 동료들의 솔직한 피드백에 정신이 번쩍 들었습니다. 어머니 때문에 피해를 봤다는 생각이 없어지면서 어머니의 의견을 솔직하게 받아들이고 내 생각과 마음도 표현할 수 있게 되었습니다.

또 자신의 다이아몬드를 발견하자 훨씬 더 자신감 있게 행동할 수 있게 되었습니다. 일단 일적인 면에서는 불과 4개월 만에 1년 반에 해당하는 수익을 올릴 수 있었습니다. 그뿐만이 아닙니다. 15년 이상 나를 괴롭혀왔던 알레르기 체질도 불과 4개월 만에 거의 완치되었습니다.

하고 싶은 말을 무의식중에 억누르며 항상 부모님의 의중만 살피며 살아온 T·I씨. 자신의 다이아몬드를 찾은 가족과 동료들의 조언에 힘입어 자신이 나아가야 할 길을 걸을 수 있게 되었다.

Epilogue
누구나 자신만의 다이아몬드를 가지고 있다

아, 오늘도 즐거운 하루였습니다. 피곤하긴 하지만 기분
좋은 피곤함입니다.

나는 자신의 다이아몬드를 찾아냈습니다. 내가 소중히 하
고 싶은 것이 무엇인지, 내가 좋아하는 것이 무엇인지 깨달
았지요. 그로 인해 나에 대해 전보다 더 많이 알게 되었습
니다. 정말 '살아있다'는 감각을 어느 때보다 생생히 느낄
수 있게 되었고, '지금까지의 나, 그래도 꽤 노력해 왔구나.'
라고 솔직하게 생각할 수 있게 되었습니다. 신기하게도 '나
는 한심한 인간'이라는 생각이 더는 들지 않았습니다.

물론 여전히 나에게는 못난 부분이 있습니다. 하지만 그
런 내가 좋아졌고, '좋은 점도 있잖아?!' 하는 자신감도 생
겼습니다. 그렇게 어깨에서 힘을 빼자 직장 동료들과 지내
는 방법도 달라졌습니다. 얼마 전까지만 해도 대하기 어려

운 사람과는 거리를 두고 지냈는데 이제 별로 신경 쓰이지 않습니다. 아니, 오히려 그 사람에게 흥미가 생겨 다가갈 수 있게 되었다고 할까요. 그리고 '이야기해보니 그리 싫지만은 않네!', '의외로 나와 비슷한 생각이 많잖아?'와 같은 깨달음도 느낄 수 있었습니다.

남의 시선을 지나치게 의식하지 않게 된 것도 기쁩니다. 예전에는 무슨 일을 해도 쭈뼛쭈뼛했는데, 지금은 하고 싶은 것이 명확해 불안하지 않습니다. 그러다 보니 주위 사람에게도 "이렇게 하는 편이 더 좋을 것 같습니다."라고 내 의견을 이야기하고 "잘 모르니 가르쳐 주세요." 하고 부탁하거나 "같이 하면 훨씬 효율적일 것 같은데 도와주실래요?" 하고 요청할 수 있습니다.

'해야 하는데'가 아니라 '하고 싶다'는 기분으로 쭉쭉 앞으로 나아갈 수 있습니다. 게다가 의욕에 차서 즐겁게 일하니 주위 사람 모두가 말을 걸어줍니다. 응원해줍니다. 고객이나 동료에게 고맙다는 말을 듣는 경우도 잦아졌습니다. "선배님처럼 나답게 사는 사람이 되고 싶어요."라는 후배의 말은 정말 기뻤습니다. 불과 얼마 전까지만 해도 나는 외톨이라고 생각했지만 아니었어요. 사실은 이렇게 많은 동료들에게 둘러싸여 있었습니다.

내가 하는 일들이 너무 즐겁습니다. '지금의 이 일들이 모두에게 도움이 된다.' 그런 충만감에 빠져 하루하루를 살고 있습니다. 그렇다고 나를 둘러싼 환경이 크게 달라진 것은 아닙니다. 내 마음속에 쭉 있었던 자신의 다이아몬드를 그저 파냈을 뿐이지요. 단지 그랬을 뿐인데 연인이 생기고, 리더 역할을 맡게 되는 등 좋은 일이 계속 생깁니다.

앞으로도 자신의 다이아몬드를 계속 갈고닦을 겁니다. 그
리고 항상 나답게 살아갈 것입니다.

● 맺음말

　자신의 다이아몬드를 발견하면 우리는 '자신의 축'을 중심으로 살아갈 수 있습니다. 여러분은 어떤 자신의 다이아몬드를 발견했나요?

　본문에서 밝혔듯이, 10년 전 나는 '열정적이고, 온 힘을 다해 살아가는 남자입니다'라는 다이아몬드를 발견할 수 있었습니다. 이 다이아몬드를 손에 넣고 나서야 나 자신을 용서할 수 있었습니다. 대학 졸업 후 4년 동안 니트 생활을 했습니다. 그런 자신을 한심한 인간, 사회에 부적합한 인간이라며 나 자신을 부정했습니다.

　그러나 그 인생을 어떻게든 나아가게 해보려고 필사적으로 고민하고 발버둥치며 노력한 것도 다름 아닌 나였습니다. 그리고 이런 나 자신을 인정한 순간 용서할 수 없었던 나, 미웠던 나를 마침내 받아들일 수 있었습니다. 스스로 열심히 노력해왔음을 처음으로 인정하고 그로써 마음이 편안해졌을 때의 감

정은 지금도 잊을 수 없습니다. 그 순간 내 속에서 새로운 힘이 솟아오름을 느낄 수 있었습니다. 내가 경험한 이 경이로움을 다른 이들에게도 알려주고 싶었습니다. 나와 마찬가지로, 어떻게 하면 더 나은 인생을 만들 수 있을까 고민하며 고뇌하고 있는 사람들에게 이 희망을 전해주고 싶었습니다.

　자신의 다이아몬드를 되찾아 그 사람이 원하는 인생을 걸을 수 있도록 도와주고 싶다는 생각에 코칭 전문가가 되기로 결심했지만 현실은 냉정했습니다. 그리 간단히 내가 원하는 대로 되지 않았습니다. 많은 실패를 경험했고, 부족함을 통감했고, 이상적인 인생 앞에 가로놓인 벽을 뛰어넘지 못해 좌절감을 느낀 적도 많았습니다. 그럼에도 포기하지 않고 10년 동안 노력할 수 있었던 이유는 역시, 자신의 다이아몬드가 굳건하게 내 안을 지키고 있었기 때문입니다.

"다이아몬드인 나라면 어떻게 할 것인가?"

항상 이를 자문자답하며 현실을 마주하고, 눈앞의 벽을 뛰어넘고, 자신의 다이아몬드를 갈고닦아 왔습니다. 물론 지금도 그리고 앞으로도 쭉 이러한 과정을 이어갈 것입니다. 다이아몬드인 나로서 10년 동안 끊임없이 노력해 왔기에 내가 그렸던 비전이 점점 현실이 되었고, 인생의 단계가 올라갔기에 지금 또 다른 비전이 보입니다.

현재 나의 목표는 '세계적인 리더'를 육성하는 것입니다. 내가 생각하는 세계적인 리더란, 인생의 목적을 세우고 자신이 진정 이상으로 삼는 인생을 실현하는 사람, 물질과 마음 모두가 풍요롭고 자신과 연관된 이들의 가능성을 최대로 끌어올릴 수 있는 사람, 다른 사람의 성공을 자신의 성공처럼 기뻐할 수 있는 사람입니다.

　이러한 리더가 우리 사회에 늘어난다면 지금 사회가 안고 있는 문제가 조금씩 해결될 것이라 믿으며, 하루하루 리더를 육성하는 일에 매진하고 있습니다. 이번에 자신의 다이아몬드를 발견한 여러분도 세계적인 리더의 후보들입니다.

　일할 때, 가족이나 친구들과 시간을 보낼 때, 새로운 취미를 찾을 때, 읽고 싶은 책을 고를 때, 점심 메뉴를 생각할 때조차 자신의 다이아몬드가 당신이 당신답게 살아가는 데 도움을 주고 제대로 된 길로 이끌어줄 것입니다. 이것이 당신 인생에 얼마나 좋은 영향을 미치는지 꼭 경험해보길 바랍니다.

　이 책을 계기로 눈부신 빛을 발하며 하루하루를 보낼 수 있기를 저자로서 마음속 깊이 희망합니다.

도오다 유스케

● 해설
자신의 다이아몬드를
가장 빛나게 만들기 위해서는

– 니시다 후미오

"누구나 자신의 다이아몬드가 있다. 하지만 99%의 사람은 자신의 다이아몬드의 존재를 깨닫지 못한다."

책의 저자 도요다 유스케 씨가 한 말이지요. 정말 그렇습니다. 그렇다면 왜 99%의 사람은 그 존재를 깨닫지 못하는 것일까요? 그 이유는 타인과 자신을 비교하는 것에서 찾을 수 있겠습니다.

예를 들어 남자들 중에는 중학교 시절 '내가 야구(혹은 축구) 좀 하지! 어쩌면 프로의 길로 나아갈 수 있을지도 몰라.'라고 생각한 사람이 더러 있을 것입니다. 그런 이들은 자신의 감각을 믿고 야구에 매진하기만 하면 됩니다. 그러면 언제까지고 자신의 다이아몬드의 존재를 느끼며 이에 따라 살아갈 수 있습니다. 하지만 고등학교, 대학교, 사회에 진출할수록 주위에 자신보다 잘 하는 사람들이 등장합니다. 그럴 때마다 '저들에 비하면 내 재능은……' 하고 생각하게 되지요.

그렇게 남과 비교하면 자신의 다이아몬드의 존재를 깨달을 기회, 자신의 다이아몬드를 갈고닦을 기회를 스스로 놓치게 됩니다. 그렇기에 자신의 다이아몬드를 찾고 싶다면 우선 남과 비교하지 말라는 것입니다.

'나쁜 유전자'는 자연적으로 계승되지만,
'좋은 유전자'는 노력 없이는 계승되지 않는다

다만 여기서 착각하지 말아야 할 것은, 다른 사람과 자신을 비교하지 말라는 말을 '경쟁하지 않아도 된다. 그냥 편하게 살면 된다.'라고 받아들이지는 말아야 한다는 점입니다. 저자 역시 본문에서 "자신의 다이아몬드는 갈고닦지 않으면 빛이 나지 않는다."라고 이야기한 바 있습니다. 자신의 다이아몬드의 존재를 깨닫고, 그것을 빛내기 위해서는 철저한 노력이 반드시 수반되어야 한다는 의미입니다.

그렇다면 왜 철저하게 노력해야 할까요? 이는 '유전자 차원'

의 이야기로 연결됩니다. 조상으로부터 물려받은 '나쁜 유전자' 는 아무것도 하지 않아도 나타나지만, '좋은 유전자'는 노력하 지 않는 한 발현되지 않습니다.

우리의 선조를 20대까지 거슬러 올라가 보면 104만 8,576명 (2의 20제곱)의 선조가 있습니다. 100만 명이 넘는 선조들의 유 전자 중 나쁜 유전자는 끈질기게 계승됩니다. 당뇨병 유전자 등이 그 전형적인 예로, 당뇨병 병력이 있는 가계의 사람은 이 나쁜 유전자를 계승합니다. 아무런 노력 없이도 계승되어 발병 하지요.

하지만 좋은 유전자는 어떨까요? 나의 조상이 남에게 감사하 며 목표를 향해 매진하는 삶을 살았다고 해서 그 자손이 아무 런 노력도 없이 똑같은 삶을 살 수 있느냐 하면, 그렇지 않습니 다. 좋은 유전자를 계승하기 위해서는 연구에 연구를 거듭하여 자신을 갈고닦아야 합니다. 한 사람 한 사람이 철저하게 노력 해야 합니다.

자신이 한심하게 느껴진다면
지금이야말로 앞으로 나아갈 기회다

지금 당신이 완전히 바닥을 치고 있는 상황이라면 지금이 당신 인생의 기회입니다. '나는 왜 이렇게 한심한 인간일까'라는 생각이 든다면 이는 더 큰 기회입니다. 저자 역시 니트 시절에 심각하게 바닥을 쳤던 듯 싶습니다. 하지만 이는 뇌과학 측면에서 봤을 때 매우 고무적인 일입니다. 이러한 시련은 '앞으로 나아가기'를 원하는 사람에게 결국 크나큰 에너지가 되기 때문입니다.

그리고 바닥을 칠 수 있다는 말은 도요다 씨가 인간적으로 매우 솔직하다는 뜻이기도 합니다. '솔직함'은 성장하고 성공하는 데 중요한 키워드입니다. 나는 이를 '바닥을 치는 능력'이라고 부릅니다. 바닥을 치고 있는 상태는 다시 '시작'하기에 적합합니다. 이제는 올라갈 일만 남았기 때문이지요.

"남과 비교하지 말자. 그리고 다른 사람과 경쟁하지 말고 자신과 경쟁하자. 어제까지의 자신과 오늘의 나로 경쟁하자. 경쟁자는 다른 사람이 아닌 나 자신이다. 다른 누군가에게 확언하는 것이 아니라, 스스로에게 필승의 각오를 전하는 것이다."

이를 마음에 새기고 자신의 다이아몬드가 이끄는 대로 끊임없이 노력하며 나아가면, 언젠가 '이것이야말로 누구에게도 지지 않을 장점이자 특기'라고 자랑할 수 있는 무언가를 얻을 수 있습니다. 그리고 이것이 바로 자신의 다이아몬드가 가장 빛나는 상태라고 할 수 있을 것입니다.

자신의 다이아몬드는 많지 않아도 됩니다. 딱 하나로도 충분합니다. 하나만 있어도 자신의 단점 따위는 신경 쓰이지 않을 정도로 강한 빛을 낼 수 있습니다.

책에 나오는 20가지 질문에 답하는 과정을 다시 한 번 수행해보길 바랍니다. 힌트는, 그리고 정답은 이미 그 속에 있습니다. 이 말을 믿고 자신의 다이아몬드를 찾아 나선다면 분명 눈부시게 반짝이는 당신만의 다이아몬드를 발견할 수 있을 것입니다.

– 니시다 후미오

일본에서 이미지 트레이닝 연구 및 코칭의 개척자이자 일인자로 명성이 나 있다. 30년 전부터 과학적인 멘탈 트레이닝 연구를 시작했으며, 그 성과로 대뇌생리학과 심리학을 접목한 획기적인 능력 개발 시스템인 '슈퍼 브레인 트레이닝'을 구축했다. 베이징 올림픽에서 금메달을 딴 일본 여자 소프트볼 대표팀을 지도해 '능력 개발의 마술사' 라고도 불린 바 있다. 비즈니스·스포츠·교육 등 다양한 분야에 과학적이고 실천적인 멘탈 매니지먼트를 도입해 다수의 성공적인 사례를 이끌었다.

가치 있는 나를 만나는

20가지 질문

1판 1쇄 | 2017년 10월 30일
지 은 이 | 도요다 유스케
옮 긴 이 | 김 진 연
발 행 인 | 김 인 태
발 행 처 | 삼호미디어
등   록 | 1993년 10월 12일 제21-494호
주   소 | 서울특별시 서초구 강남대로 545-21 거림빌딩 4층
          www.samhomedia.com
전   화 | (02)544-9456(영업부) / (02)544-9457(편집기획부)
팩   스 | (02)512-3593

ISBN 978-89-7849-562-2 (03190)

Copyright 2017 by SAMHO MEDIA PUBLISHING CO.

이 도서의 국립중앙도서관 출판예정도서목록(CIP)은
서지정보유통지원시스템 홈페이지(http://seoji.nl.go.kr)와
국가자료공동목록시스템(http://www.nl.go.kr/kolisnet)에서 이용하실 수 있습니다.
(CIP제어번호: CIP2017025603)